MUSEUM OF ANTHROPOLOGY, THE UNIVERSITY OF MICHIGAN

TECHNICAL REPORTS

Number 7

RESEARCH REPORTS IN ARCHAEOLOGY

Contribution 3

EXCAVATIONS AT QUACHILCO

A REPORT ON THE 1977 SEASON
OF THE PALO BLANCO PROJECT IN THE TEHUACAN VALLEY

EXCAVATIONES EN QUACHILCO

UN INFORME DE LA TEMPORADA DE 1977
DEL PROYECTO PALO BLANCO EN EL VALLE DE TEHUACAN

by

Robert D. Drennan

Spanish Text Translated by
Carlos Alberto Uribe

ANN ARBOR
1978

© 1978 Regents of The University of Michigan
The Museum of Anthropology
All rights reserved

Printed in the
United States of America

TABLE OF CONTENTS

PREFACE v
PREFACIO vi

1. INTRODUCTION 1
   INTRODUCCION 10

2. SURFACE SURVEY 15
   RECONOCIMIENTO SUPERFICIAL 19

3. EXCAVATIONS AT THE CENTRAL PLAZA 23
   EXCAVACIONES EN LA PLAZA CENTRAL 28

4. EXCAVATIONS TO THE WEST OF THE CENTRAL PLAZA 33
   EXCAVACIONES AL OESTE DE LA PLAZA CENTRAL 41

5. EXCAVATIONS SOUTH AND EAST OF THE CENTRAL PLAZA 47
   EXCAVACIONES AL SUR Y AL ESTE DE LA PLAZA CENTRAL 55

6. MISCELLANEOUS EXCAVATIONS AROUND THE CENTRAL PLAZA 59
   EXCAVACIONES MISCELANEAS ALREDEDOR DE LA PLAZA CENTRAL 63

7. EXCAVATIONS AT OUTLYING BARRIOS 67
   EXCAVACIONES EN LOS BARRIOS SEPARADOS 73

8. CONCLUSION 77
   CONCLUSION 79

REFERENCES CITED 81

PREFACE

The report which follows deals with excavations conducted by the Palo Blanco Project at the site of Quachilco in 1975 and 1977. The 1975 excavations have already been partially described (Drennan 1977), but they are included here in order to provide a complete account of the work.

The 1975 season of the Palo Blanco Project was funded by the Robert S. Peabody Foundation and carried out under the provisions of Concesión Arqueológica No. 6/75 issued by the Instituto Nacional de Antropología e Historia. The 1977 season was funded by the National Science Foundation (Grant No. BNS76-82651) and conducted under the auspices of the University of Michigan Museum of Anthropology according to Concesión Arqueológica No. 2/76. Various individuals connected with all these institutions have been most helpful in making possible the work described in this report. They include Dr. Richard I. Ford of the University of Michigan Museum of Anthropology; Dr. Richard S. MacNeish of the R. S. Peabody Foundation; and Dr. Ignacio Bernal, Arqga. Diana López, Prof. José L. Lorenzo, Arqgo. Eduardo Matos M., Arqga. Lorena Mirambell S., Arqgo. Daniel Molina, and Lic. Ariel Valencia R. of the Instituto Nacional de Antropología.

The people who actually performed the studies described here, in the field and in the laboratory, between 1975 and 1977 include John R. Alden, Elizabeth Hart, Carol S. Jacobson, Catherine M. Loria, Judith A. Nowack, Elsa M. Redmond, Judith E. Smith, Charles S. Spencer, and Franzella Wilson. Without many days of hard work and a considerable amount of dedication on the part of these individuals the excavations at Quachilco and initial stages of the study of the material recovered would not have been possible.

This report is of a preliminary nature. It attempts to provide summary descriptions of the excavations conducted, of the features found in these excavations, of the surface survey carried out in 1977, and of the impressions gained at the very beginning of laboratory study of the material recovered from the excavations. The excavation objectives centered on the recovery of samples of artifacts and associated floral and faunal material covering as nearly as possible the full range of variation at the site. Given these objectives, a preliminary report such as this must exclude the real core of the information which these excavations were carried out to recover: information from the study of artifacts and floral and faunal material. For this reason any conclusions presented here must be taken as preliminary and awaiting confirmation by detailed study of this material.

PREFACIO

El informe que sigue versa con las excavaciones realizadas por el Proyecto Palo Blanco en el sitio de Quachilco en 1975 y 1977. Las excavaciones de 1975 han sido ya parcialmente descritas (Drennan 1977), pero se incluyen de nuevo aquí para suministrar una relación completa del trabajo.

La temporada de 1975 del Projecto Palo Blanco fué financiada por la Fundación Robert S. Peabody y llevada a cabo bajo las provisiones de la Concesión Arqueológica Nº 6/75 expedida por el Instituto Nacional de Antropología e Historia de México. La temporada de 1977 fué financiada por la National Science Foundation (Concesión Nº BNS76-82651) y realizada bajo los auspicios del Museo de Antropología de la Universidad de Michigan de acuerdo con la Concesión Arqueológica Nº 2/76 del INAH. Varios individuos conectados con todas estas instituciones han sido muy serviciales en hacer posible el trabajo descrito en este informe. Ellos incluyen el Dr. Richard I. Ford del Museo de Antropología de la Universidad de Michigan; el Dr. Richard S. MacNeish de la Fundación R. S. Peabody; y el Dr. Ignacio Bernal, la Arqga. Diana López, el Profr. José L. Lorenzo, el Arqgo. Eduardo Matos M., la Arqga. Lorena Mirambell S., el Arqgo. Daniel Molina y el Lic. Ariel Valencia R. del Instituto Nacional de Antropología e Historia.

Las personas que realmente llevaron a cabo los estudios descritos aquí, en el campo y en el laboratorio entre 1975 y 1977, incluyen John R. Alden, Elizabeth Hart, Carol S. Jacobson, Catherine M. Loria, Judith A. Nowack, Elsa M. Redmond, Judith E. Smith, Charles S. Spencer, y Franzella Wilson. Sin muchos días de trabajo intenso y una cantidad considerable de dedicación de parte de estos individuos, las excavaciones en Quachilco y las etapas iniciales del estudio del material recuperado no habrían sido posibles.

Este informe es de una naturaleza preliminar. Intenta suministrar descripciones sumarias de las excavaciones conducidas, de los elementos encontrados en dichas excavaciones, del reconocimiento superficial realizado en 1977 y de las impresiones ganadas al comienzo del estudio de laboratorio del material recuperado en las excavaciones. Los objetivos de excavación estaban centrados en la recuperación de muestras de artefactos y el material asociado de flora y fauna cubriendo tanto como fué posible el rango total de variación en el sitio. Dados estos objetivos, el objeto de estudio disponible para la descripción en un informe preliminar tal como éste, excluye el nucleo real de la información por el cual estas excavaciones se realizaron: el estudio de los artefactos y del material de flora y fauna de Quachilco. Por esta razón cualquier conclusión presentada aquí debe ser tomada como preliminar y en espera de confirmación por el estudio detallado de estos materiales.

1. INTRODUCTION

In the Palo Blanco Project we seek to provide information necessary to make developments in the Tehuacán Valley during the Late Formative and Classic periods a case for testing explanatory models which have been proposed to account for the emergence of complex society. The case of the Tehuacán Valley provides a particular kind of perspective on these developments. In some respects the trends of social change in Tehuacán parallel those in the nearby Valleys of Mexico and Oaxaca where obviously spectacular and early complex societies emerged, but some of these trends at least were manifested much more strongly in other regions than in Tehuacán. We aim to document the similarities and differences between Classic period Tehuacán and its highland neighbors with regard to the range and structure of social statuses, the degree of any tendency toward nucleation of population into more complex settlements, the nature of internal differentiation within such settlements, and the extent of any centralization of power.

A number of the factors which have been cited as causally related to the emergence of complex societies in Mesoamerica and elsewhere, such as the practice of irrigation agriculture, population growth, competition and warfare, specialized production with intra-regional exchange, and the exchange of goods with other regions, are potentially applicable to the Late Formative and Classic period social changes in the Tehuacán Valley. It is by providing information concerning these factors and their relationships with each other and with the trends of social change previously mentioned that we propose to make it possible to use the Tehuacán Valley to test explanatory models. If these models are to be considered both valid and useful, they must help to account for both the similarities and differences between the Classic period societies of the Tehuacán Valley and its more spectacularly developed neighbors.

Relying on the work of MacNeish and his associates in the Tehuacán Archaeological-Botanical Project and the initial results of fieldwork thus far carried out by the Palo Blanco Project, we tentatively reconstruct the following sequence of development of increasingly complex society in the Tehuacán Valley after the establishment of fully sedentary villages occupied by people primarily dependent upon an agricultural subsistence base. The account below is taken from Drennan and Nowack (1977).

During the Early Formative Ajalpan phase and the Middle Formative Early Santa María phase (Fig. 1), the inhabitants of the Tehuacán Valley lived in small agricultural villages located primarily near the watercourses which make agriculture possible in this dry region. By the Early Santa María phase some of these villages had the beginnings of public architecture, but none significantly exceeded the modal size of 2 ha (MacNeish et al. 1972: 391-396). Around 500 B.C., at the beginning of the Late Santa María phase, a settlement was founded at Quachilco (site 218 on the map in Fig. 2) which soon became a "central place" for a segment of the valley. The site of Quachilco consists of a plaza some 150 by 125 m

LATE VENTA SALADA	1520	VENTA SALADA TARDIA
EARLY VENTA SALADA	1150	VENTA SALADA TEMPRANA
LATE PALO BLANCO	700	PALO BLANCO TARDIO
EARLY PALO BLANCO	A.D. 250 d.C.	PALO BLANCO TEMPRANO
LATE SANTA MARIA	B.C. 150 a.C.	SANTA MARIA TARDIA
EARLY SANTA MARIA	500	SANTA MARIA TEMPRANA
LATE AJALPAN	850	AJALPAN TARDIA
EARLY AJALPAN	1150	AJALPAN TEMPRANA
PURRON	1500 / 2300	PURRON

Fig. 1. Ceramic chronology for the Tehuacán Valley

surrounded by the remains of substantial public or ceremonial architecture, some 20 ha of dense occupation, and a much larger area of sparse occupation with occasional concentrations of dwellings (Drennan 1977, Alden 1977). Although Quachilco was not located near any of the major watercourses of the valley, its inhabitants were sustained by an agricultural system based on canal irrigation which utilized water flowing from nearby springs that has such a high concentration of dissolved salts that the irrigation canals have become "fossilized" (Woodbury and Neely 1972:127-139).

No other site in the Tehuacán Valley of this time has as large an area of occupation or as large and complex an area of architectural remains. Centers of similar size and architectural complexity, however, are known from other regions in earlier periods. The use of the term "central place" to refer to Quachilco of course implies that certain "central place functions" were performed at Quachilco—functions not performed at other places which were, in this sense, peripheral. We have as yet only the vaguest ideas about what these central place functions actually were. They certainly included the activities for which the large buildings surrounding the site's central plaza were constructed since the smaller peripheral

1. INTRODUCTION

villages lacked such structures. It seems that the highest status individuals or families of the entire society lived at Quachilco as well, likely in structures at or near the central plaza. In addition, control of the sizeable canal irrigation system was probably centered at Quachilco.

Quachilco may have served as a center for the production of certain kinds of goods which were then distributed to subsidiary villages and/or it may have served as a center for the exchange of goods between and among subsidiary villages, but we do not yet have enough data to evaluate the extent to which these possibilities were actually realized. Information concerning these topics is forthcoming from the excavations at Quachilco described in this report, but the analysis of artifacts recovered is not far enough advanced for conclusions. Because of the scale of the settlement at Quachilco, we consider that it was a central place not for the entire Tehuacán Valley but only for the broad central section of the valley formed by the confluence of the Río Salado and the Río Zapotitlán.

The Early Palo Blanco phase saw the intensification of this centralized settlement pattern and its replication in several units throughout the Tehuacán Valley (Nowack 1977). Although unresolved questions of chronology prevent certainty concerning the precise contemporaneity of certain sites and groups of sites, it appears that some six top-level central places were founded near the beginning of this phase at approximately the same time that the previous central place at Quachilco was abandoned. These Early Palo Blanco phase centers had populations probably in the range of 1000 to 2500 persons, settled much more densely than was the case at Quachilco. All of these centers were located on the summits of large hills, usually isolated hills rising from the valley floor or connected only by lower ridges to the high mountains which enclose the valley. Most of them are among the sites indicated in Fig. 2. Several of them have walls which seem to have been for defense. Each has at least one complex of public/ceremonial architecture consisting of pyramidal mounds and associated plazas. Evidence for increased status differentiation over that of previous periods is seen in architectural remains and artifact distributions (Nowack 1977 and Spencer and Redmond 1977).

Settlement patterns and the complexity of top-level centers provide little evidence that, once this pattern characterizing the Early Palo Blanco phase had emerged, there were any further increases in social complexity in the Tehuacán Valley during the remainder of the Classic period.

The sequence of socio-political change which we reconstruct, then, does not show a long-term gradual increase in complexity, but rather an alternation of periods of little change with periods of more rapid change. Following the establishment of a village farming pattern at the beginning of the Ajalpan phase, the situation was fairly stable until the middle of the Santa María phase. At about this time (ca. 500 B.C.) began a period of substantial increase in socio-political complexity which ended in the Early Palo Blanco phase (ca. A.D. 1). The ensuing period, including most or all of the Classic, was again one of stability, witnessing shifts in the locations of centers and changes in ceramic and architectural styles but no major structural changes in the socio-political realm.

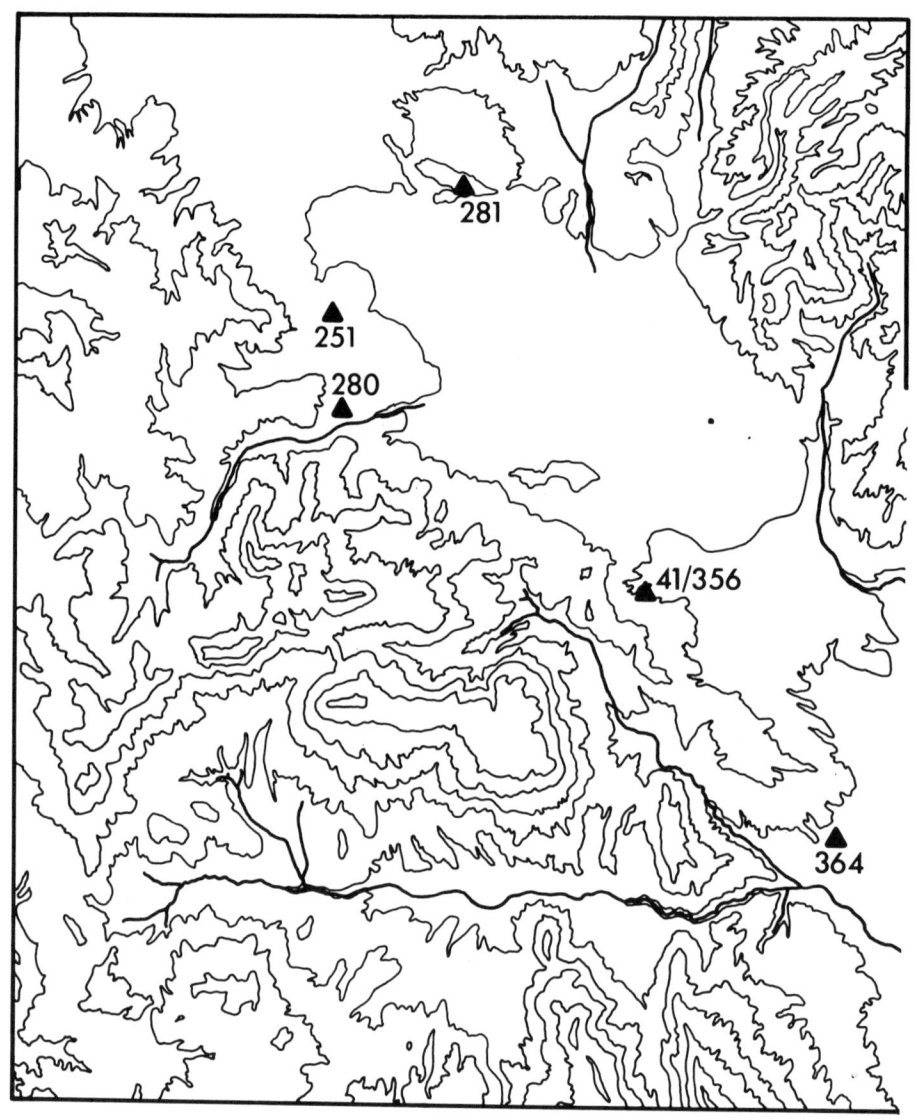

Fig. 2. Map of the Tehuacán Valley showing all sites mentioned in the text. Quachilco is site 218.

1. INTRODUCTION

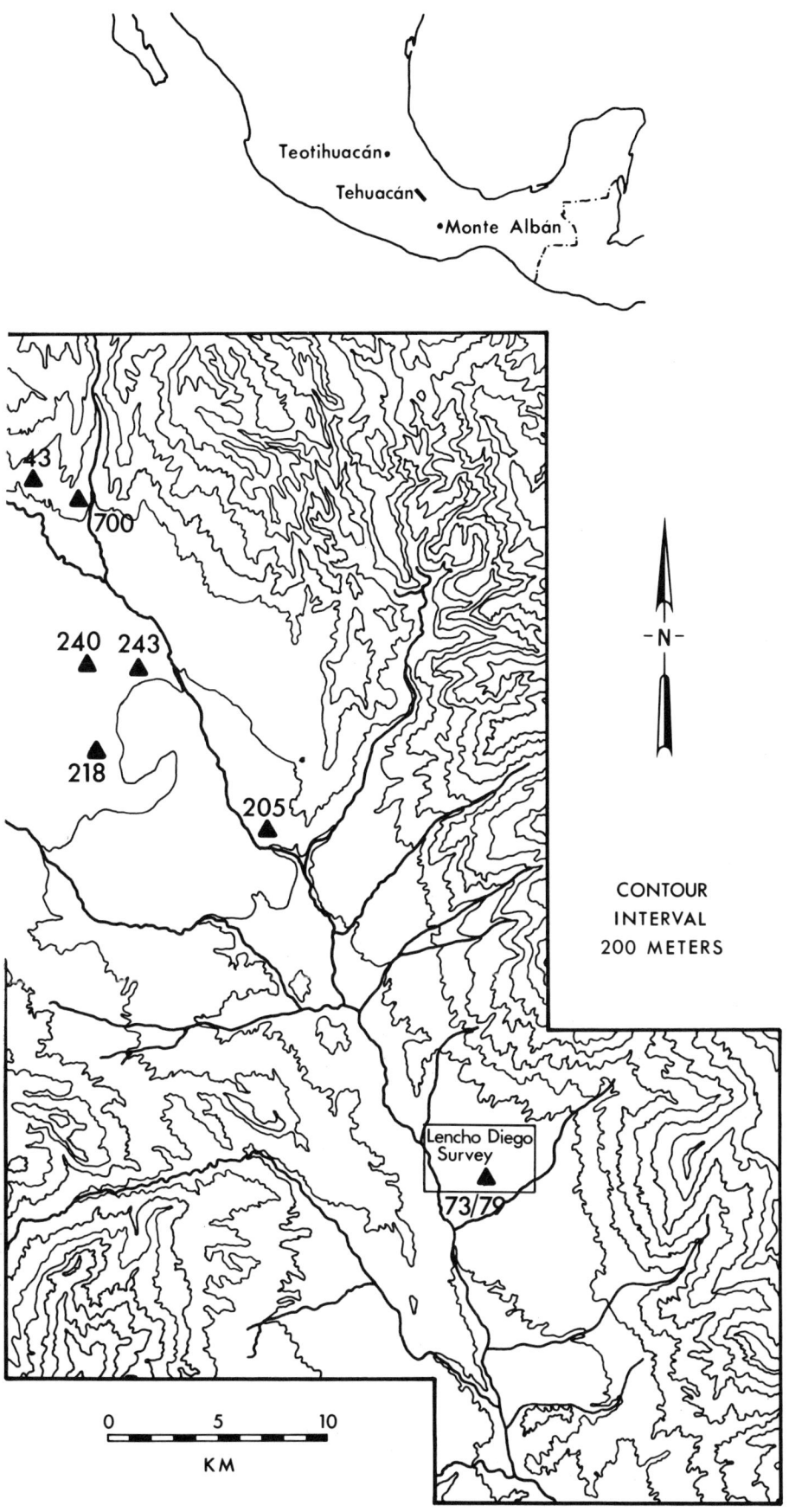

In chronological terms, the Palo Blanco Project endeavors to gain a better understanding of the sequence of development which produced the society of the Palo Blanco phase. Thus the focus is on the period of rapid development which began in Late Santa María times and continued into the Palo Blanco phase. It will be necessary to understand how and why this development began, and how and why it slowed virtually to a halt during the Early Palo Blanco phase.

The site of Quachilco (Ts218) occupies a central position in the first part of the problem since it was the earliest of the valley's central places. The beginnings of the period of rapid development, then, are focussed there, and accordingly the largest part of our effort to understand these beginnings is also focussed there. This report is devoted to preliminary description of investigations carried out at Quachilco. (The more common local spelling of the site name is "Cuachilco," but we are continuing to use the spelling with a "Q" which has already appeared in print.) Our investigations have concentrated on the earlier of two periods of occupation at the site: the Late Santa María/Early Palo Blanco occupation. Following a period of complete or nearly complete abandonment during the Late Palo Blanco phase, the site was again occupied during the Venta Salada phase, but we have avoided remains of this occupation whenever possible.

In all, three seasons of work have been conducted at Quachilco since it was initially recorded by Frederick A. Peterson in 1961. The first excavations, made in 1962, were a part of the Tehuacán Archaeological-Botanical Project directed by Richard S. MacNeish. The principal goal of these excavations was the production of a stratified ceramic sequence in order to define a previously poorly known segment of the ceramic chronology for the Tehuacán Valley. This goal was only partially achieved, since Quachilco turned out to date somewhat earlier than had been expected. Eleven 1 by 1, 1 by 2, or 2 by 2 m test pits were excavated. Three of these were expanded to somewhat larger size, and, although the deposits were not of the period desired, they provided some initial indications of the activities carried out at Quachilco during the period when it was occupied. These excavations are described by MacNeish et al. (1972:205-216).

The second set of investigations at Quachilco, carried out in 1975, was a part of the Palo Blanco Project. The two major goals of this season were 1) the refinement of the ceramic chronology for the late part of the Santa María phase and the earliest part of the Palo Blanco phase, and 2) the initiation of more detailed investigation of the activities of the inhabitants of the site during these Late and Terminal Formative times. These investigations included both intensive surface survey and excavations.

The surface survey has been described by Alden (1977), and a final report on it is forthcoming. All artifacts were collected from the surface in a series of 90 squares in various parts of the site. Only mano and metate fragments were not collected. These were recorded in the field and left in place. Squares were located along approximate north-south and east-west transects crossing at the site's central plaza. Other squares were placed on all the mounds in the site's central area (at least one

1. INTRODUCTION

square on each mound). Still more squares were located in fallow fields in the central area of the site.

The 1975 excavations have been described in preliminary form by Drennan (1977). Descriptions of the 1975 excavations are also included here so that a coherent picture of the excavation program carried out at Quachilco by the Palo Blanco Project may be presented. In 1975 20 test pits, each 1 by 2 m, were excavated, primarily in areas not covered by the 1962 excavations. Four of these tests were later expanded to larger size excavations and became Areas A through D. Two others, which were some 50 m apart, became the focus of more intensive surface work in Area E. The locations of these tests and areas are illustrated in Fig. 3.

In 1977 both surface survey and excavation were undertaken again. In this instance the surface survey emphasized more extensive and less intensive coverage than did the 1975 survey. The excavations extended and completed the program initiated in 1975. Altogether, 37 test pits, each 1 by 2 m, were excavated during the 1977 season. Of these, nine were expanded to larger size excavations and became Areas F through N. The locations of these tests and areas are shown in Figs. 3 and 16.

All horizontal control for Quachilco during the 1975 and 1977 seasons was based on a grid system which measured in meters from an imaginary point meant to be beyond the boundaries of the site. All coordinates were thus supposed to be north and west of this zero point and were measured initially from a datum set at 1000N1000W on top of the mound which forms the northern edge of the central plaza. During the 1977 season it was discovered that the occupied area actually included the zero point. Some coordinates thus read south and east. Squares (1 by 1 m) and test pits (1 m east-west and 2 m north-south unless otherwise indicated) were named by the coordinates of their southeast corners. The site grid does not correspond to the 1962 excavations because no overall site grid was established in 1962. Vertical control was based on an arbitrary datum established as 100 m at 1000N1000W. All map contours read in terms of this arbitrary elevation datum, as do all depth measurements in all excavations. The 100 m arbitrary elevation datum corresponds to approximately 1210 m above sea level. "Permanent" markers were constructed at 1000N1000W and several other points of known horizontal and vertical location, but all were removed between the end of the 1975 season and the beginning of the 1977 season. Surveying control was re-established by means of locating a number of other features whose locations appeared, if with slightly less precision, on the 1975 site map.

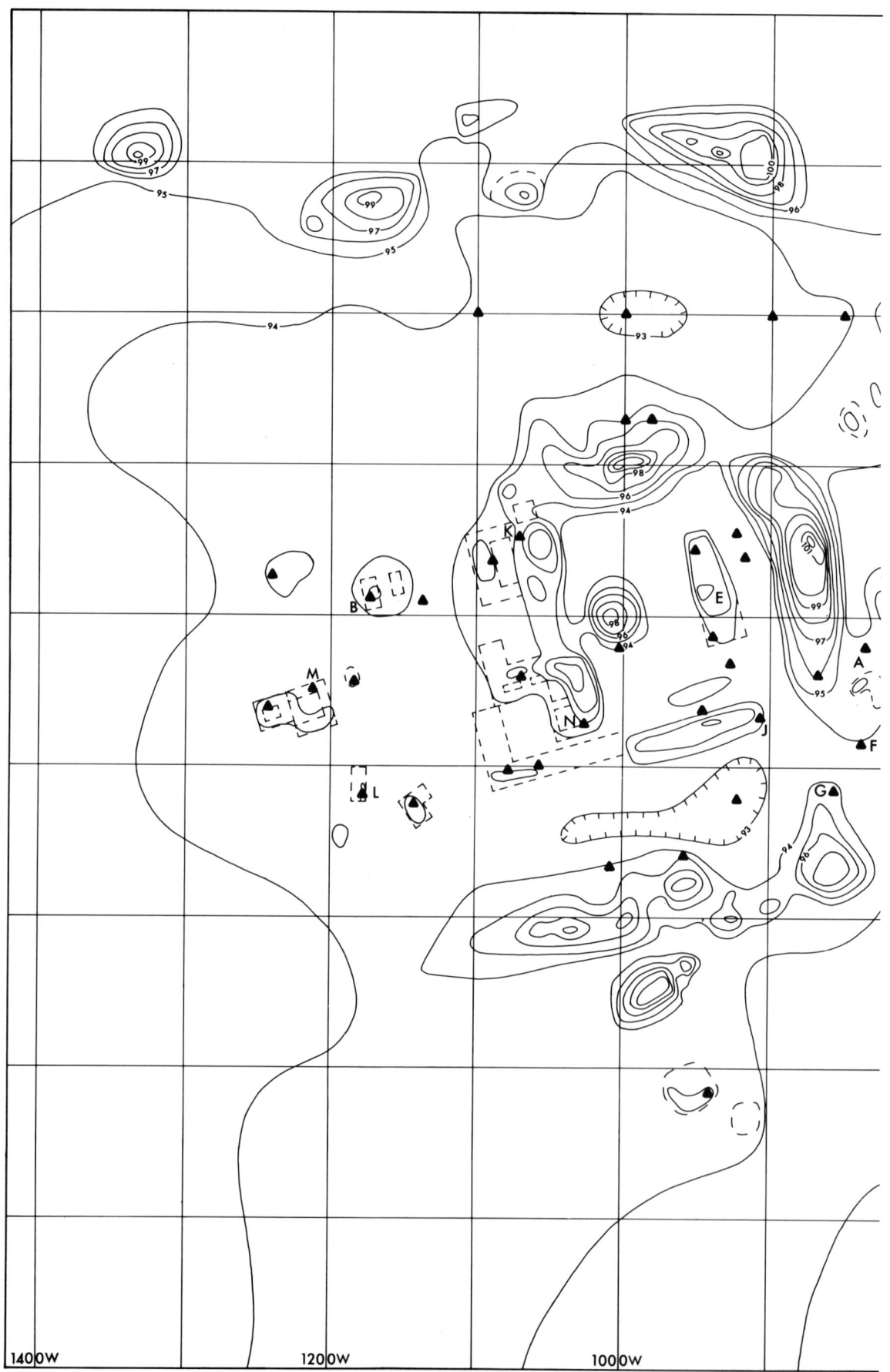

1. INTRODUCTION

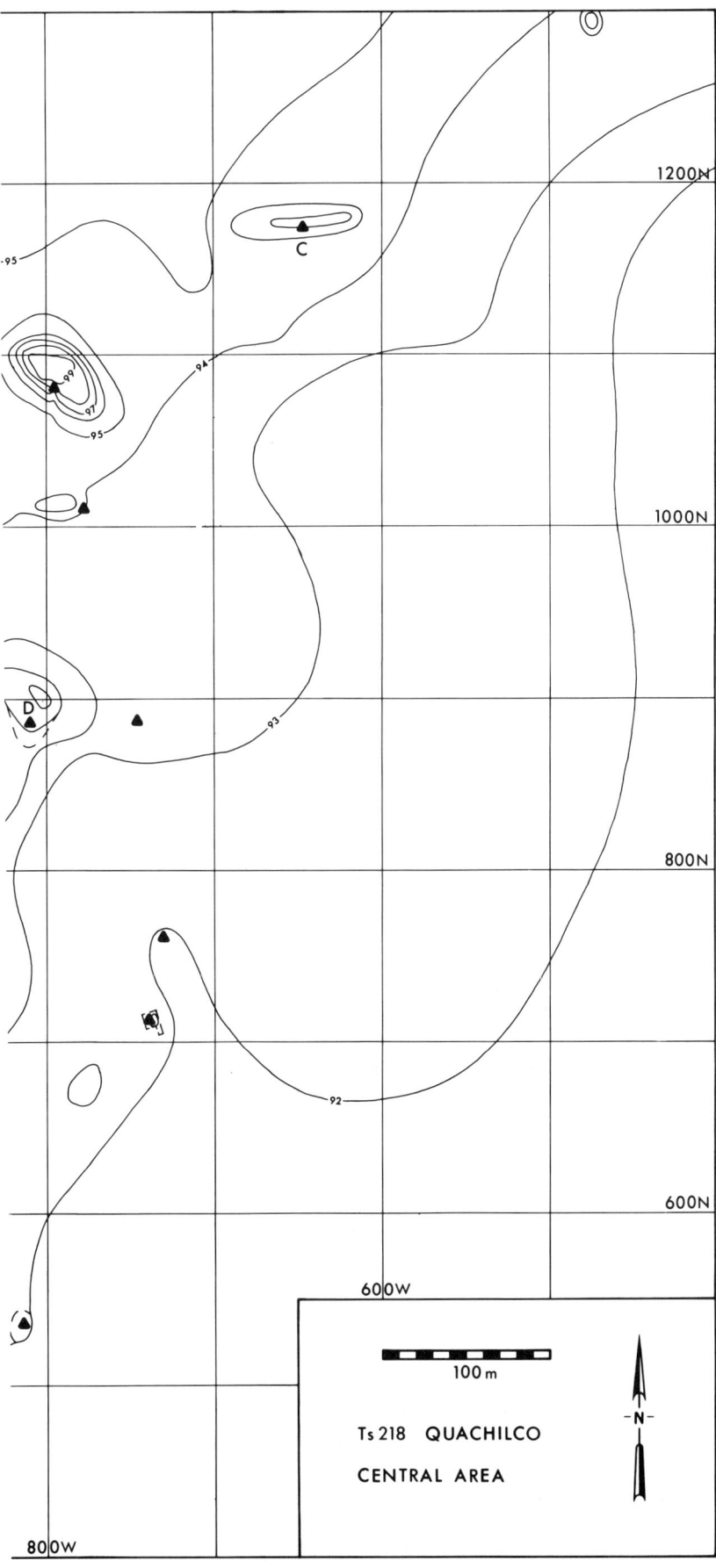

Fig. 3. Map of the central area of Quachilco. Dashed lines show architectural details not revealed by the contour lines. Small triangles give the locations of excavations.

INTRODUCCION

En el Proyecto Palo Blanco buscamos suministrar la información necesaria para hacer de los desarrollos en el Valle de Tehuacán durante los períodos Formativo Tardío y Clásico un caso para probar los modelos explicativos que se han propuesto para dar cuenta del surgimiento de la sociedad compleja. El caso del Valle de Tehuacán provee un tipo particular de perspectiva sobre estos desarrollos. En algunos respectos las tendencias del cambio social en Tehuacán son paralelas a aquellas de los valles vecinos de México y Oaxaca, donde surgieron sociedades complejas tempranas y obviamente espectaculares, aunque por lo menos algunas de estas tendencias se manifestaron mucho más fuertemente en otras regiones distintas de Tehuacán. Nos proponemos documentar las similaridades y diferencias entre el período Clásico en Tehuacán y sus vecinos de las montañas en lo que hace relación al rango y la estructura de los niveles sociales, el grado de cualquier tendencia hacia la formación de núcleos de población en asentamientos más complejos, la naturaleza de la diferenciación interna en estos asentamientos y el grado de cualquier tendencia hacia la centralización del poder.

Un número de los factores, tales como práctica de la agricultura de irrigación, crecimiento de población, competencia y guerra, producción especializada con intercambios intraregionales, y el intercambio de bienes con otras regiones, que se han citado como relacionados causalmente con el surgimiento de sociedades complejas en Mesoamérica y en otras partes, son aplicables potencialmente a los cambios sociales de los períodos Formativo Tardío y Clásico en el Valle de Tehuacán. Al suministrar la información concerniente a estos factores y sus relaciones entre si y con las tendencias de cambio social previamente mencionadas, proponemos que es posible usar el Valle de Tehuacán para probar los modelos explicativos. Si estos modelos van a ser considerados tanto válidos como útiles, ellos deben ayudar a dar cuenta tanto de las similaridades como de las diferencias entre las sociedades del período Clásico de Valle de Tehuacán y de sus vecinos más espectacularmente desarrollados.

Utilizando los trabajos de MacNeish y sus asociados en el Proyecto Arqueológico-Botánico de Tehuacán y los resultados de las investigaciones de campo hasta ahora realizadas por el Projecto Palo Blanco, tentativamente reconstruimos la siguiente secuencia de desarrollo de una sociedad cada vez más compleja en el Valle de Tehuacán después del establecimiento de aldeas totalmente sedentarias ocupadas por una población primariamente dependiente de una base de subsistencia agrícola. La descripción que sigue es tomada de Drennan y Nowack (1977).

Durante la fase Ajalpan del Formativo Temprano y la fase Santa María Temprana del Formativo Medio (Fig. 1), los habitantes del Valle de Tehuacán vivían en pequeñas aldeas agrícolas localizadas primariamente cerca de corrientes de agua que hacen posible la agricultura en esta región seca. Por la fase Santa María Temprana algunos de estos pueblos tuvieron los comienzos de la arquitectura pública, pero ninguno excedió significativa-

1. INTRODUCCION

mente el tamaño modal de 2 ha (MacNeish et al. 1972:391-396). Alrededor del año 500 a.C. durante los comienzos de la fase Santa María Tardía, un asentamiento fué fundado en Quachilco (sitio 218 en el mapa de la Fig. 2) que pronto se convirtió en un "lugar central" para un segmento del valle. El sitio de Quachilco consiste en una plaza de algunos 150 por 125 m, rodeada de restos de arquitectura pública o ceremonial substancial, cerca de 20 ha de ocupación densa, y una área mucho más grande de ocupación dispersa con concentraciones ocasionales de viviendas (Drennan 1977, Alden 1977). A pesar de que Quachilco no estaba localizado cerca a ninguna de las corrientes de agua mayores en el valle, sus habitantes fueron sustentados por un sistema agrícola basado en canales de irrigación, que utilizaba el agua que manaba de fuentes cercanas y que tenía una concentración alta de sales disueltas, de tal forma que los canales de irrigación se han "fosilizado" (Woodbury y Neely 1972:127-139).

Ningún otro sitio en el Valle de Tehuacán durante este tiempo tiene una área de ocupación tan grande o una área de restos arquitectónicos tan grande y compleja. Centros de tamaño y complejidad arquitectónica similares, sin embargo, son conocidos en otras regiones para períodos anteriores. El uso del término "lugar central" en referencia a Quachilco implica por supuesto que ciertas funciones únicas a Quachilco como lugar central fueron llevadas a cabo allí—funciones que no se realizaron en otros lugares que fueron, en este sentido, periféricos. Tenemos, por el momento, solamente las más vagas ideas sobre lo que estas funciones del lugar central fueron realmente. Ellas ciertamente incluían las actividades para las cuales fueron construidos los grandes edificios que rodean a la plaza central del sitio, ya que los pueblos periféricos carecen de tales estructuras. Asi mismo, parece que los individuos o familias con más alto status en toda la sociedad vivían en Quachilco, probablemente en las estructuras de la plaza central o cercanas. El control del gran sistema de canales de irrigación estaba también probablemente centralizado en Quachilco.

Quachilco pudo haber servido como un centro para la producción de ciertas clases de bienes que fueron posteriormente distribuídos a pueblos subsidiarios o pudo también haber servido para el intercambio de bienes entre pueblos subsidiarios, pero no tenemos todavía suficiente información para evaluar el grado en que estas posibilidades realmente se dieron. La información concerniente a estos tópicos es el producto de las excavaciones en Quachilco que se describen en este informe, aunque el análisis de los artefactos recuperados se encuentra en una etapa muy temprana para conclusiones. En virtud de la escala del asentamiento de Quachilco consideramos que fué un lugar central, no para el entero Valle de Tehuacán, sino solamente para la amplia sección central formada por la confluencia de los ríos Salado y Zapotitlán.

La fase Palo Blanco Temprano fué testigo de la intensificación de este patrón de asentamiento centralizado y su réplica en varias unidades a lo largo del Valle de Tehuacán (Nowack 1977). A pesar de que preguntas no resueltas sobre la cronología previenen tener certeza en lo concerniente a la contemporaneidad precisa de ciertos sitios y grupos de sitios, parece que cerca de seis lugares centrales superiores fueron fundados hacia el comienzo de esta fase y a aproximadamente el mismo tiempo en cuando el lugar central previo de Quachilco fué abandonado. Estos centros de la fase Palo Blanco Temprano tenían poblaciones probablemente en el rango de 1000 a 2500 personas, más densamente asentadas de lo que fué el caso en Quachilco. Todos estos centros fueron localizados en la cumbre de grandes colinas, usualmente colinas aisladas que se levantan del piso del valle o que están conectadas a las altas montañas que encierran el valle solamente por cerros más bajos. La mayoría de estos centros se encuentra entre los sitios indicados en la Fig. 2. Varios de ellos tienen muros que parecen haber sido de una naturaleza defensiva. Cada uno tiene por lo menos un complejo de arquitectura público-ceremonial que consiste de montículos piramidales y plazas asociadas. La evidencia de una mayor diferenciación de status en relación a la de períodos previos es manifiesta en los restos arquitectónicos y en las distribuciones de los artifactos (Nowack 1977, Spencer y Redmond 1977).

Una vez que este patrón característico de la fase Palo Blanco Temprano hubo surgido, vemos poca evidencia en los patrones de poblamiento o en la complejidad de los lugares centrales, de más incrementos en la complejidad social en el Valle de Tehuacán durante el resto del período Clásico.

La secuencia de cambio sociopolítico que estamos reconstruyendo, entonces, no muestra un incremento gradual a largo plazo en complejidad, sino más bien una alternación de períodos de poco cambio, con períodos de más rápido cambio. Después del establecimiento de un patrón de aldeas agrícolas al comienzo de la fase Ajalpan, la situación fué más o menos estable hasta la mitad de la fase Santa María. Aproximadamente en esta fecha (ca. 500 a.C.) comenzó un período de un incremento substancial en la complejidad sociopolítica que termina en la fase Palo Blanco Temprano (ca. 1 d.C.). El período posterior, incluyendo todo o casi todo el Clásico, fué también de estabilidad. Fué testigo de cambios en la localización de los centros y cambios en los estilos cerámicos y arquitectónicos sin presentarse cambios estructurales mayores en el dominio sociopolítico.

En términos cronológicos, el Proyecto Palo Blanco es un esfuerzo por ganar un entendimiento mejor de la secuencia de desarrollo que produjo la sociedad de la fase Palo Blanco. Asi el enfoque central es en el período de rápido desarrollo que comenzó en tiempos de la fase Santa María Tardía y continuó en la fase Palo Blanco. Será necesario entender cómo y por qué comenzó este desarrollo, y cómo y por qué desaceleró para virtualmente detenerse durante la fase Palo Blanco Temprano.

El sitio de Quachilco (Ts218) ocupa una posición central en la primera parte del problema, ya que éste fué el más temprano de los lugares centrales del valle. Los comienzos del período de desarrollo rápido, entonces, se encuentran vocalizados allí y por lo tanto la parte mayor de nuestro esfuerzo por entender estos comienzos también se enfoca allí. Este informe está dedicado a una descripción preliminar de las investigaciones realizadas en Quachilco (la forma local más común de escribir el nombre del sitio es "Cuachilco," pero nosotros continuamos usando el nombre con "Q" ya que éste ha aparecido en imprenta así). Nuestras investigaciones se han concentrado en el más temprano de dos períodos de ocupación en el sitio:

1. INTRODUCCION 13

la fase de ocupación Santa María Tardía/Palo Blanco Temprano. Después de un período de abandono completo o casi completo durante la fase Palo Blanco Tardío, el sitio fué reocupado de nuevo durante la fase Vanta Salada, pero hemos evitado los restos de esta ocupación cuando nos fué posible.

En total, tres temporadas de trabajo han sido realizadas en Quachilco desde que éste fué registrado inicialmente por Frederick A. Peterson en 1961. Las primeras excavaciones, hechas en 1962, formaron parte del Proyecto Arqueológico-Botánico de Tehuacán dirigido por Richard S. MacNeish. El objetivo principal de estas excavaciones fué el de producir una secuencia estratificada de muestras de la cerámica para definir un segmento previamente poco conocido de la cronología cerámica del Valle de Tehuacán. Este objetivo solo fué parcialmente alcanzado ya que Quachilco demostró tener una fecha un poco más temprana de lo que se había esperado. Once trincheras de prueba cuyas dimensiones eran de 1 por 1, 1 por 2, o 2 por 2 m fueron excavadas. Tres de éstas fueron expandidas a un tamaño un poco más grande y, a pesar de que los depositos no fueron del período deseado, suministraron algunas indicaciones iniciales sobre las actividades llevadas a cabo en Quachilco durante el período en el cual fué ocupado. Estas excavaciones han sido descritas en MacNeish et al. (1972:205-216).

El segundo conjunto de investigaciones en Quachilco, llevado a cabo en 1975, formó parte del Proyecto Palo Blanco. Los dos objetivos primordiales de esta temporada fueron: 1) el refinamiento de la cronología cerámica para la parte tardía de la fase Santa María y la parte más temprana de la fase Palo Blanco, y 2) la iniciación de una investigación más detallada de las actividades de los pobladores del sitio durante el Formativo Tardío y el Formativo Terminal. Estas investigaciones incluyeron tanto un reconocimiento intensivo de la superficie como excavaciones.

El reconocimiento de la superficie ha sido descrito por Alden (1977) y un informe final sobre él está por aparecer. Todos los artefactos fueron recolectados de la superficie en una serie de 90 cuadrados en varias partes del sitio. Solamente fragmentos de manos y metates no fueron recolectados. Estos fueron registrados en el propio campo y luego dejados en su lugar. Algunos de los cuadrados fueron localizados aproximadamente a lo largo de ejes perpendiculares en las direcciones norte-sur y este-oeste que se cruzaban en la plaza central del sitio. Otros cuadrados fueron colocados en todos los montículos de la área central del sitio (por lo menos un cuadrado por cada montículo). Todavía más cuadrados fueron localizados en los campos en barbecho de la área central del sitio.

Las excavaciones de 1975 han sido descritas en forma preliminar por Drennan (1977). Aquí también se incluyen descripciones de las excavaciones de 1975 para presentar una pintura coherente del programa de excavación llevado a cabo en Quachilco por el Proyecto Palo Blanco. En 1975, 20 trincheras de prueba, cada una de 1 por 2 m, fueron excavadas, primariamente en áreas que no habían sido cubiertas por las excavaciones de 1962. Cuatro de estas trincheras se expandieron más tarde a excavaciones de un tamaño más grande constituyéndose entonces en las Areas A, B, C, y D. Otras dos trincheras, que estaban separadas unos 50 m, se convirtieron en el foco de una labor de superficie más intensa en el Area E. Las localizaciones de estas pruebas y de estas áreas están ilustradas en la Fig. 3.

En 1977 tanto reconocimiento superficial como excavaciones fueron realizadas una vez más. Esta vez, el reconocimiento de la superficie enfatizó un cubrimiento más extensivo y menos intensivo que el reconocimiento de 1975. Las excavaciones extendieron y terminaron el programa iniciado en 1975. Un total de 37 trincheras de prueba, cada una de 1 por 2 m, fué excavado durante la temporada de 1977. De éstas, nueve fueron expandidas a excavaciones de un tamaño más grande y se convirtieron en las Áreas F, G, H, I, J, K, L, M y N. Las localizaciones de estas pruebas y áreas también son mostradas en las Figs. 3 y 16.

Todo control horizontal para Quachilco durante las temporadas de 1975 y 1977 está basado en un sistema de cuadrículas cuyas dimensiones se miden desde un punto imaginario localizado a propósito más allá de los límites del sitio. Se pretendía asi determinar todas las coordenadas al norte y al oeste de este punto cero y de medirlas inicialmente a partir de una referencia localizada a los 1000N1000W en la parte superior del montículo que forma el borde norte de la plaza central. Durante la temporada de 1977 se descubrió, sin embargo, que la área ocupada incluye realmente este punto cero. De esta forma, algunas coordenadas incluyen el sur y el este. Los cuadrados (1 por 1 m) y las trincheras de prueba (de 1 m de este a oeste y 2 m de norte a sur, a menos de que se indique de otra forma) se han denominado de acuerdo con las coordenadas de sus esquinas hacia el sureste. Las cuadrículas del sitio no corresponden a las de las excavaciones de 1962 ya que en aquella ocasión no se estableció un sistema de cuadrículas total para el sitio. El control vertical está basado en una referencia arbitraria establecida como 100 m en el punto 1000N1000W. Todas las curvas de nivel en el mapa están basadas en términos de esta referencia de elevación arbitraria, lo mismo que todas las medidas de profundidad en todas las excavaciones. La referencia de elevación arbitraria de 100 m corresponde a aproximadamente 1210 m sobre el nivel del mar. Marcas "permanentes" fueron construídas en el punto 1000N1000W y en varios otros puntos de ubicación vertical y horizontal conocidas, pero todas fueron removidas entre el final de la temporada de 1975 y el comienzo de la temporada de 1977. El control de reconocimiento fué reestablecido por medio de la ubicación de un número de otros elementos cuyas colocaciones aparecían, si bien con un poco menos de precisión en el mapa del sitio hecho de 1975.

2. SURFACE SURVEY

The surface survey conducted by Alden (1977) at Quachilco focussed primarily on the "core area" of the site which has densities of surface sherds in excess of 1.0 kg/100 m^2 as defined by Alden's systematic surface collections (Fig. 4). Within this area numerous collections were made in association with various kinds of surface features. Attention to the larger area of sparser surface material surrounding this core area was limited primarily to systematic surface collection along transects leading approximately north, south, east and west from the central plaza. These collections were made in an effort to provide a quantitative definition of the extent of the peripheral area in the cardinal directions.

The initial task of the 1977 season was a brief effort to gain a more complete knowledge of the peripheral area, both of its maximum extent and of the distribution of surface artifacts and features within it. This was accomplished not by any further surface collection but by walking systematically through all of the peripheral area making subjective assessments of the artifact scatter and locating features visible on the surface.

The specific field method employed had groups of several people walking parallel transects spaced approximately 50 m apart. These transects used the principal access road to the site as a starting point and followed compass bearings east or west from this road which runs approximately north and south. Distances along the transects were calculated by measuring increments with a 50 m tape. The transects continued until an area was reached which had no surface artifacts identifiable to the Late Santa María/Early Palo Blanco phase occupation of the site. At this point the group reversed direction and walked a parallel set of transects over new ground back to the main access road where the accuracy of the running measurements and compass bearings for the two sets of transects could be checked.

The results of the 1977 survey did, in general, confirm the boundaries of the peripheral area which had been determined by Alden on his northern, eastern, and western transects. In the south the surface scatter extended somewhat farther than the collection squares on Alden's southern transect had indicated. In addition, further details concerning the shape of this peripheral area beyond the location of its edges in the four cardinal directions were filled in. The approximate boundaries of the area surveyed in 1977 are indicated in Fig. 4. These boundaries refer only to the Late Santa María/Early Palo Blanco occupation of the site. Venta Salada phase surface debris is ignored.

The distribution of surface features and artifacts in the peripheral area differs quite substantially from the initial impression we received of a relatively sparse but homogeneous distribution. Instead, the peripheral area includes a number of small concentrations of structural remains consisting of groups of low mounds in association with higher than average

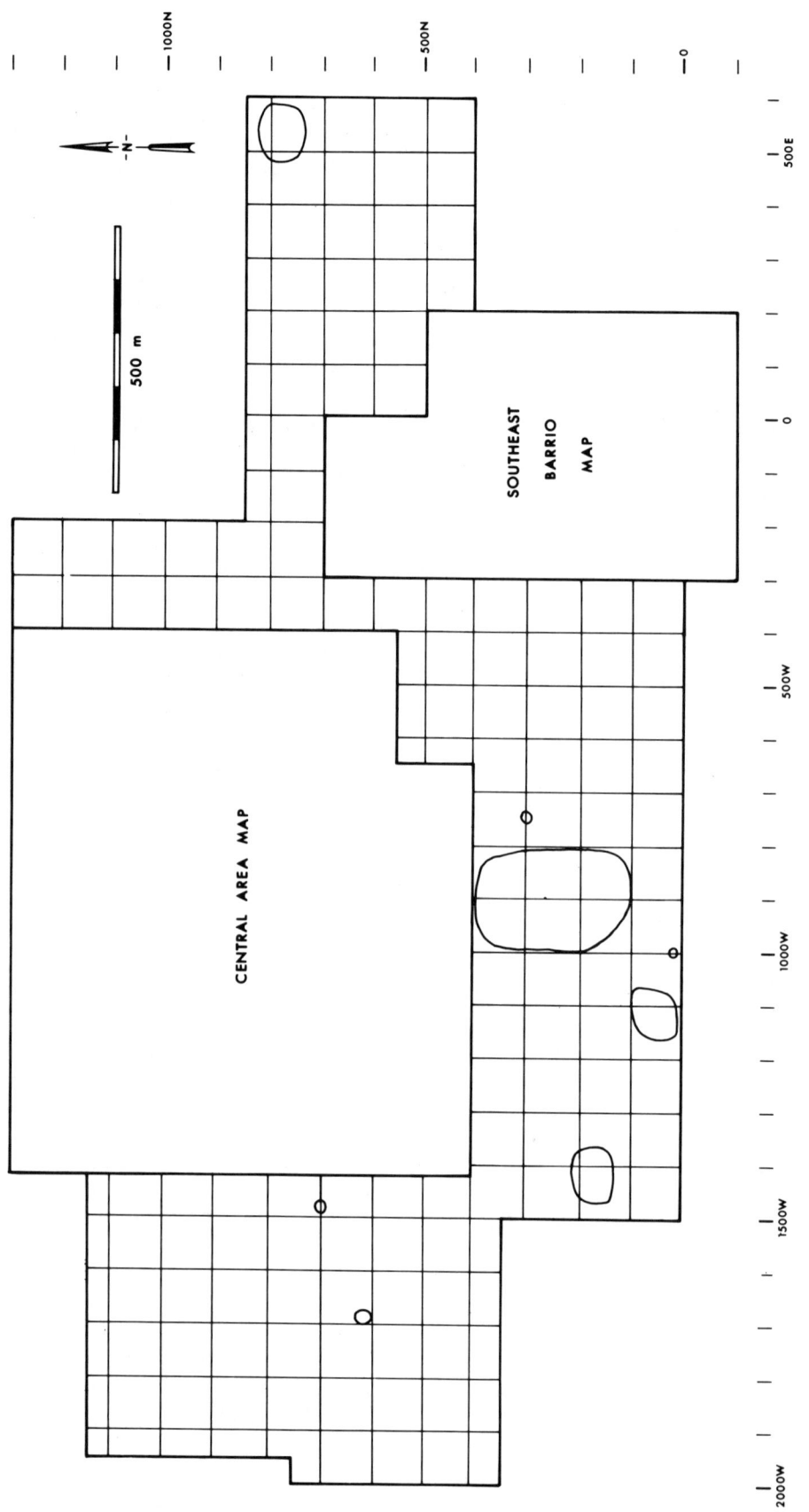

Fig. 4. Map of 1977 surface survey of Quachilco. Detailed maps of the central area and the southeast barrio are in Figs. 3 and 16, respectively. Rough ovals indicate the locations of other outlying mound groups of the Late Santa María and Early Palo Blanco phases.

densities of surface artifacts. These clusters of features and artifacts seem to represent small outlying residential areas. The site of Quachilco, then, can be visualized as a "core area" of residential and public/ceremonial structures with a fairly high density of activities, surrounded by a number of smaller groups of residences scattered through an area whose size is as yet not completely determined (Fig. 4). It is principally to the southeast that this area remains undefined. A clear end to the peripheral area has been observed in other directions. Toward the southeast, however, one of the densest concentrations of structures outside the core area continues more than several hundred meters beyond the area mapped or formally surveyed. It will be necessary to deal with the clusters of residences extending out in this direction with regional survey techniques rather than through the extension of the single site survey.

The spaces between the outlying clusters of residences and between these clusters and the site's core area may or may not have been truly vacant spaces. One extreme of interpretation would have these spaces devoid of structures or any concentrated activity and probably used for farming. At the other extreme, perhaps significant numbers of isolated houses and/or other concentrated activity areas would be seen in the spaces. The density of artifacts on the surface in these spaces is certainly low. Nevertheless, artifacts do occur even at substantial distances from the nearest cluster of structures. Whether this distribution of artifacts could have resulted simply from the scattering of garbage in the area between residences cannot be assessed subjectively with accuracy.

These outlying groups of structures, which seem to represent outlying residential _barrios_, were described above as "surrounding" the core area. None is to the north. To the west are a few single small mounds. Most of the _barrios_ are in a single broad band running west to east some distance south of the core area. It is the section of this broad band which continues off toward the southeast which has not been completely surveyed. The _barrios_ in the west to east band are in close association with an extensive set of fossil canal traces. The fossil canals of the Tehuacán Valley are described by Woodbury and Neely (1972:126-139), and the canals in the immediate vicinity of Quachilco are shown on their map. These fossil canals apparently were fed from springs northwest of Quachilco with the main feeder canals running south and east along the higher ground to the west of Quachilco. A major set of branches from these main feeders then bends sharply eastward and runs across south of Quachilco's core area toward the lower alluvial soil in the direction of the Río Salado. It is among these intertwining branches that the band of outlying _barrios_ south of Quachilco's core area occurs.

The complexity of the surface remains in these areas often makes it difficult to distinguish between a set of intertwined canal branches and a low structural mound by surface observation alone. For this reason surface identifications are tentative. In two of these outlying _barrios_, however, excavations were carried out which confirm the presence of remains of residential structures dating to the Late Santa María/Early Palo Blanco occupation of the site.

These outlying barrios raise a question for analysis and interpretation: should they be considered parts of a single site, Quachilco, or should each be considered a separate site? On the one hand they are archeological manifestations which are clearly distinguishable in spatial terms. On the other, it is incorrect to say that the outlying barrios are separated from the core area by spaces devoid of surface artifacts. At the level of interpretation, the outlying barrios clearly occupy a structural position intermediate between that of clearly separate villages subsidiary to a central place and that of different sectors within a highly nucleated large community. Thus an understanding of Quachilco must include the outlying barrios, and they are considered part of the site, even though some of them at least occur outside the area we have surveyed.

The uncertainties concerning the extent of the scatter of barrios around the core area of Quachilco and the nature of the spaces between them make it extremely difficult to estimate population at the site during the Late Santa María/Early Palo Blanco occupation. In preparing his forthcoming report on the 1975 surface survey at Quachilco, Alden (personal communication) has estimated the population of the core area of the site as between 300 and 650 people. His estimate is based on density of surface ceramics and the figures used by Parsons (1971:23) to calculate populations from surface sherd densities in his Texcoco survey. Application of this kind of calculation to the additional occupation in the peripheral area discovered in 1977 would result in total population figures about twice as large as those for the core area. It is not possible to estimate how much additional occupation beyond this is represented by the area to the southeast where the edge of the peripheral area has not yet been found.

RECONOCIMIENTO SUPERFICIAL

El reconocimiento de la superficie realizado por Alden (1977) en Quachilco se enfocó primariamente en la "área núclear" del sitio cuyas densidades de tiestos superficiales eran en exceso de 1.0 kg/100 m^2, según la definición de la colección superficial sistemática de Alden (Fig. 4). En esta área numerosas recolecciones fueron hechas en asocio con varias clases de elementos superficiales. La atención dispensada a la extensa área de material superficial mas disperso que rodea esta área nuclear se limitó primariamente a la recolección superficial sistemática a lo largo de ejes tendidos aproximadamente hacia el norte, sur, este y oeste de la plaza central. Estas recolecciones fueron hechas en un esfuerzo por suministrar una definición quantitativa de la extensión de la área periférica en la dirección de los puntos cardinales.

La tarea inicial de la temporada de 1977 consistía en un breve esfuerzo por ganar un conocimiento mas completo de la área periférica, tanto de su extensión máxima, como de la distribución de los artefactos y de los elementos superficiales. Esto fué llevado a cabo, no mediante ninguna recolección superficial adicional, sino por medio de caminar sistemáticamente a todo lo largo de la área periférica haciendo evaluaciones subjetivas sobre la dispersión de los artefactos y la localización de los elementos visibles en la superficie.

Específicamente los métodos de campo incluyeron grupos de varias personas caminando a lo largo de fajas paralelas de aproximadamente 50 m de ancho. Estas fajas se originaban en la vía principal de acceso al sitio y siguieron los rumbos este y oeste de la brújula a partir de esta vía que corre aproximadamente en la dirección norte a sur. Las distancias a lo largo de las fajas se calcularon por medio de medir incrementos con una cinta de 50 m. Las fajas se extendieron hasta que se alcanzó una área que no tenía artefactos superficiales identificables como pertenecientes ni a la fase Santa María Tardía ni a la fase Palo Blanco Temprano. En este punto el grupo volteaba y caminaba otro conjunto paralelo de fajas sobre nuevo terreno, de regreso a la vía principal de acceso donde la exactitud de las medidas tomadas sobre la marcha y los rumbos de la brújula para los dos conjuntos de fajas paralelas podían ser comprobados.

Los resultados del reconocimiento de 1977 confirmaron en general los límites de la área periférica que habían sido determinados por Alden en las direcciones norte, este y oeste. Hacia el sur, la dispersión superficial se extendía un poco más allá del límite de los cuadrados de colección usados por Alden. En adición, nuevos detalles concernientes a la forma de esta área periférica, más allá de la localización de sus bordes en las cuatro direcciones cardinales, fueron completados. Los límites aproximados de la área del reconocimiento de 1977 están indicados en la Fig. 4. Estos límites se refieren solamente a la ocupación Santa María Tardía/Palo Blanco Temprano del sitio. Los deshechos superficiales de la fase Venta Salada se han ignorado.

La distribución de elementos y artefactos de la superficie en la área periférica difiere muy substancialmente de la impresión inicial que recibimos de una distribución relativamente esparcida pero homogénea. En cambio, la área periférica incluye un número de pequeñas concentraciones de restos estructurales que consisten de grupos de montículos bajos en asocio con densidades más altas de artefactos superficiales. Estos grupos de elementos y artefactos parecen representar pequeñas áreas residenciales remotas. El sitio de Quachilco, entonces, puede ser visualizado como una "área nuclear" de estructuras residenciales y público-ceremoniales, con una concentración alta de actividades, rodeada por un número de grupos más pequeños y dispersos de residencias a través de una área cuyo tamaño no está todavía completamente determinado (Fig. 4). Principalmente hacia el sureste es que esta área permanece no definida. En otras direcciones se ha observado un fin claro al área periférica. Hacia el sureste, sin embargo, una de las concentraciones de estructuras más densas por fuera del núcleo continúa por mas de varios cientos de metros más allá de la área mapeada o formalmente reconocida. Será necesario tratar con los grupos de residencias que se extienden en esta dirección usando técnicas de reconocimiento regional en vez de extender el reconocimiento en un solo sitio mas hacia afuera.

Los espacios entre los grupos separados de residencias y entre estos grupos y la área nuclear del sitio pueden o no haber sido espacios verdaderamente vacantes. Un extremo de la interpretación postularía que quizá un número significativo de casas aisladas o de otras áreas de actividad concentrada habrían existido en dichos espacios. La densidad de artefactos en la superficie de estos espacios es ciertamente baja. No obstante, artefactos aparecen aún a distancias substanciales del grupo de estructuras mas cercano. Si esta distribución de artefactos pudo haber resultado simplemente de la dispersión de la basura en la área entre las residencias, no puede evaluarse subjetivamente con exactitud.

Se afirmó más arriba que estos grupos de estructuras remotos, que parece representan barrios residenciales separados, "rodeaban" la área nuclear. Esto no es estrictamente cierto. La mayoría de estos barrios aparecen hacia el sur y el este de la área nuclear; ninguno hacia el norte. Hacia el oeste existen unos pocos montículos pequeños y aislados. La mayoría de los barrios están en una amplia banda única que corre del oeste al este a alguna distancia al sur de la área nuclear. La sección de esta ancha banda que continúa hacia el sureste es la que no ha sido completamente reconocida. Los barrios localizados a lo largo de esta banda del oeste al este, están en una asociación estrecha con un conjunto extensivo de rastros de canales fosilizados. Los canales fosilizados del Valle de Tehuacán han sido descritos por Woodbury y Neely (1972:126-139), y los canales localizados en la vecindad inmediata de Quachilco aparecen en su mapa. Estos canales aparentemente fueron alimentados por manantiales ubicados hacia el noroeste de Quachilco, con los principales canales triutarios corriendo hacia el sur y el este a lo largo del terreno elevado al oeste de Quachilco. Un conjunto importante de ramales se desprende de estos canales principales para luego torcer pronunciadamente en la dirección este y correr más allá de la parte sur de la área nuclear de Quachilco hacia la tierra de aluvión baja en la dirección del Río Salado. Es entre estos ramales entrelazados que la banda de barrios separados hacia el sur de Quachilco aparece.

La complejidad de los restos superficiales en estas áreas hace a menudo difícil la distinción entre un conjunto de ramales de canales entrelazados y un montículo estructural bajo mediante observación superficial solamente. Por esta razón las identificaciones en la superficie son tentativas. Sin embargo, en dos de estos barrios separados, se llevaron a cabo excavaciones que confirman la presencia de restos de estructuras residenciales que datan de la fase de ocupación Santa María Tardía/Palo Blanco Temprano del sitio.

Estos barrios separados crean un interrogante para análisis e interpretación: ¿se debe tratarlos como parte de un sitio único, Quachilco, o considerar a cada uno de ellos como un sitio separado? Por un lado, ellos constituyen manifestaciones arqueológicas que son claramente distinguibles en términos espaciales. Por el otro, es difícil decir que los barrios remotos están separados del área nuclear por espacios carentes de artefactos superficiales. Al nivel de la interpretación, estos barrios claramente ocupan una posición estructural intermedia entre aquella de aldeas claramente separadas subsidiarias de un lugar central y aquella de sectores diferentes en una gran comunidad altamente nucleada. Claramente un entendimiento de Quachilco tiene que incluir estos barrios separados, y se consideran como parte del sitio de Quachilco, a pesar de que algunos de ellos, por lo menos, están por fuera del área que hemos reconocido.

Las incertidumbres en cuanto a la extensión de la dispersión de los barrios alrededor de la área nuclear de Quachilco y en relación a la naturaleza de los espacios entre ellos, hacen extremadamente difícil estimar la población del sitio durante la ocupación Santa María Tardía/Palo Blanco Temprano. En la preparación de su informe próximo a aparecer sobre el reconocimiento superficial de Quachilco realizado en 1975, Alden (comunicación personal) ha estimado la población de la área nuclear entre 300 y 650 personas. Esta estimación está basada en la densidad de la cerámica superficial y las cifras usadas por Parsons (1971:23) en su reconocimiento de Texcoco para calcular poblaciones a partir de las densidades de fragmentos superficiales. La aplicación de esta clase de cálculo a la ocupación adicional en la área periférica descubierta en 1977 resultaría en cifras de población total de cerca del doble de aquellas para la área núclear. No es posible estimar la ocupación adicional representada por la área hacia el sureste donde el límite de la área periférica no ha sido todavía encontrado.

3. EXCAVATIONS AT THE CENTRAL PLAZA

The clear focus of the site of Quachilco is the complex of mounds defining and surrounding a level plaza some 150 by 125 m. These mounds, ranging from 2 to 9 m in height, are the remains of rather elaborate stone architecture—a conclusion apparent from surface observation and confirmed by excavation. At least some of this architecture must represent the kinds of public or ceremonial structures known for many other sites of this period in Mesoamerica. It was our intention at the outset of excavations to devote as little time and energy to these mounds as possible, given our excavation objectives and the obvious importance of this area to the functioning of the Late Santa María/Early Palo Blanco community there. Since our objectives centered on sampling the range of features, artifacts, and floral and faunal remains at Quachilco, excavation in primary deposit rather than mound fill was essential. Since our resources were limited, every day spent in excavation in one location meant one day less to spend in excavation in some other location. It was especially important to avoid the major commitment of time and resources involved in large architectural exposures in the central plaza mounds—architectural exposures which were likely to advance us little toward our overall objectives.

Some excavations were, nevertheless, undertaken in and around the central plaza. These were primarily devoted to establishing dates of construction for the various platforms represented today by the mounds. In a few cases these initial test pits resulted in the somewhat unexpected discovery of primary deposits which were of sufficient interest to merit expanded excavations. In any event, all the major mounds of the central plaza complex were tested so that we have the necessary ceramic samples to estimate their construction dates. This will provide one basis for evaluating the roles played by the activities conducted at these structures in the founding and growth of Quachilco. The distribution of test excavations in 1975 and 1977 tends away from the northern, and especially the northeastern, section of the central plaza since it was in this area that the excavations conducted by MacNeish and his colleagues in 1962 were concentrated.

North and East Mounds: Tests

Except for three small test pits, the entire excavation effort of the 1962 season was directed at the mounds forming the north and east sides of the central plaza. Accordingly, relatively slight attention was focussed here during the 1975 and 1977 seasons.

Two test pits (1030N983W and 1030N1000W) were excavated in the broad flank of the mound which sits at the north end of the plaza. These pits were in the general vicinity of Test 1 of the 1962 season, which MacNeish et al. (1972:207) describe as having good stratigraphy, but neither the stratigraphy nor the artifacts recovered from our two tests encouraged further excavations.

The test at 1030N983W began in the usual fashion as a 1 by 2 m pit with the longer dimension north-south. It uncovered a wall of roughly faced stones whose top was only about 20 cm below the surface. The excavation was expanded to include two more squares (1030N982W and 1031N982W) directly east of the two squares which made up the original pit. Excavation in this larger area revealed no floors associated with the wall and showed that what had originally seemed a corner where another wall joined the principal one was illusory. The wall stood about 1 m high; its orientation was approximately 20° west of magnetic north, and it was considerably out of plumb with its top some 40 cm farther east than its bottom. It had apparently been the retaining wall of a platform with slighly inward-sloping sides. It seemed to be constructed on sterile soil, which in this pit occurred about 1.70 m below ground surface. Stratigraphy was not very well defined on either side of the wall.

The test at 1030N1000W was another effort to find the promising deposits encountered in Test 1 of the 1962 season. In sum, it was no more successful than the test described above. It reached sterile soil after going through about 2.10 m of poorly defined strata with very few artifacts. The deposits encountered in these two pits, then, may have been primarily construction fill and slope wash from the higher part of the mound. Artifacts were not numerous; all except those from the uppermost levels dated to the Late Santa María phase.

In the mound which defines the east side of the central plaza a single test pit was excavated at 860N868W. This pit went through approxi-

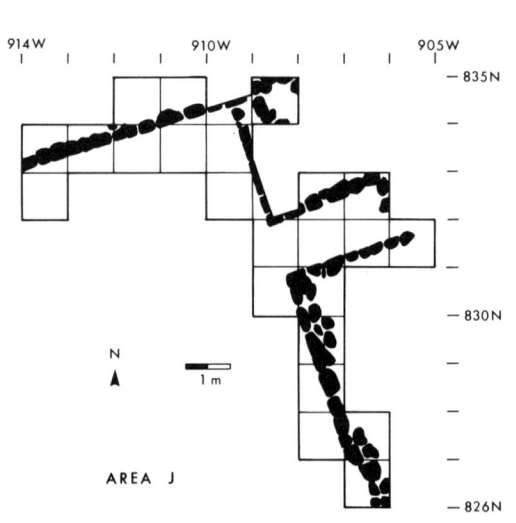
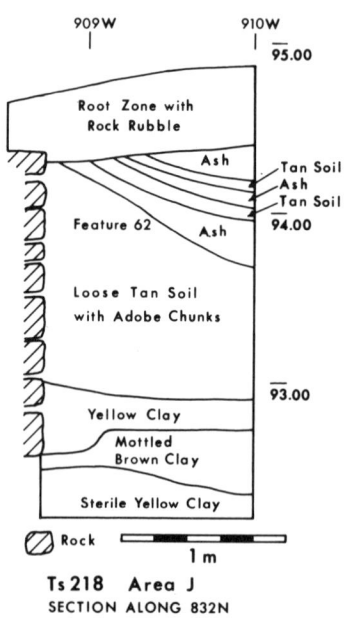

Fig. 5. Plan and section of Area J excavations.

mately 2.40 m of mound fill consisting of fairly loose soil with rubble composed of rocks and chunks of adobe, and then through 50 cm of deposit with artifacts before reaching sterile soil. The platform construction, like the cultural deposit below it, dated to the Late Santa María phase.

South Mound: Area J

Area J began as a test pit at 832N909W in the east end of the mound which forms the south edge of the central plaza. Approximately 40 cm below the surface the top of a well-faced stone wall was encountered. The orientation of this wall was about 19° west of magnetic north, and, as it only intruded slightly into the eastern portion of the pit, excavation continued down beside it. The wall turned out to be approximately 1.80 m high and associated with a thick yellow clay floor (Fig. 5). It is conceivable that this floor was constructed somewhat later than the wall since it covered the lower 30 cm or so of the wall. Both the wall and the floor directly overlay a layer of brown clay with bits of charcoal, rocks, and chunks of adobe, the lowest cultural layer in the pit. The total depth from ground surface to sterile soil was about 2.40 m.

Initial examination of the ceramics from this test revealed that the layer upon which the wall and associated clay floor rested dated to the Late Santa María phase. The fill beside the wall contained only Late Santa María/Early Palo Blanco phase material corresponding to at least the lower half of the wall. But the upper 50 cm or so of the wall corresponded to deposits containing ceramics of the Venta Salada phase. Additional excavation on the east side of the wall revealed that the test pit had exposed the exterior face of a platform retaining wall which had been constructed in the Late Santa María phase. The base of the wall had been at least partly covered up either before the site was abandoned during the Early Palo Blanco phase or, and perhaps more likely, during the remainder of the Palo Blanco phase when the site was not occupied. The upper portions of the platform were not completely buried until the Venta Salada phase or later.

Had this mound been simply the single platform construction which its contours suggested, this wall would not have appeared here at all. It was a wall cutting across the axis of the mound. Moreover, a second wall, roughly corresponding to the northern edge of the test pit, intersected the first at right angles although the stones making up the two walls were not overlapped to bind the corner. In fact, they did not even touch. The space a few centimeters wide which remained right at the corner suggested walls built in two separate construction episodes rather than portions of a single building. This all indicated greater architectural complexity than had been expected in this comparatively low mound.

Since the top of the wall was relatively close to the surface and since the deposits extending well below the top of the wall were thoroughly mixed, there was an opportunity to explore the architecture further with little investment of time or resources. Thus a shallow excavation in a number of squares was expanded from the test pit to follow the two walls which had appeared. These walls were pursued until a point was reached at which the top of the wall was so deeply buried that substantial excavation in unmixed deposit would have been required to uncover it. The results of following out the walls are illustrated in Fig. 5. While the exact nature of this structure cannot be determined by exposing such a small section of it, it is clear that the mound at the south end of the central plaza is what remains of a structure more complicated than a single long, low platform. The structure was built in the Late Santa María phase, and the mound did not approach its present contours until at least the Venta Salada phase.

Mounds within the Central Plaza: Tests and Area E

In addition to the mounds which define the edges of the central plaza there are three within the area of the plaza itself. Two of these are rather low, long, narrow mounds clearly separated from the mounds which bound the plaza. The other is a taller, circular mound connected to the mounds which form the west side of the plaza by a low mound section. Whether this connection represents the remains of platform construction or the result of erosion from the higher mounds is unclear.

The circular mound on the west side of the plaza was investigated in 1977 by means of a test pit at 879N1003W. When the edge of a flat stone paving was encountered in the northern part of the 1 by 2 m pit, an additional square to the south (878N1003W) was opened up to allow excavation to proceed downward without removing any of the paving. Some 1.20 m of rubble and mound fill overlay about 90 cm of primary cultural deposit including a yellow clay floor edged by a one-course stone wall at an elevation of 92.85 m. This may have been a section of the surfacing of the central plaza described below. Preliminary indications are that all of these deposits date to the Late Santa María phase.

The low rectangular mound running north to south along the east side of the central plaza was named Area E. All surface indications of architecture on the mound were mapped in detail, and it was explored further by two test pits (886N940W and 941N951W). Each cut through slightly under 2.00 m of construction fill below which were other cultural deposits 30 to 40 cm thick. Although these lower deposits from approximately the level of the plaza floor downward were from the Late Santa María phase, the mound construction apparently dates to the Early Palo Blanco phase. Several stone alignments on the surface and the contours of the mound suggest a complex of structures, perhaps arranged around small patios, rather than a single long platform supporting a building or buildings on a single level opening outward onto the plaza. In this regard the mound called Area E may be similar to the mound forming the south side of the plaza, a portion of which was described above as Area J.

3. EXCAVATIONS AT THE CENTRAL PLAZA

Floor of the Central Plaza: Tests

Four test pits were sunk into the level floor of the central plaza itself. The elevation of this floor is slightly higher than the 93.00 m contour, and it varies only slightly except near the bases of mounds where deposition of material eroded from the mound surfaces has occurred.

The southernmost of the test pits (836N947W) was near enough to one of the mounds that an accumulation of some 80 cm of natural sediment containing cultural material had collected over a hard packed yellow clay floor which probably represented a surfacing of the central plaza. This yellow clay surface occurred at an elevation of about 93.00 m, the same as the overall elevation of the plaza. Below this surface was about 1.00 m of additional deposit which may have represented artificial leveling of the plaza area.

A test pit at 865N929W produced some 80 cm of cultural deposits below the 93.06 m elevation of the surface of this section of the plaza. The elevation which would have included the yellow clay surface found in the pit described above was well within the plow zone, so its absence in this pit and in the next pit described does not preclude the possibility that such a surface covered the entire plaza. The deposits between the 93.00 m level and sterile soil here were similar to those encountered in the test pit described above.

Although the surface of the plaza was at approximately the 93.00 m elevation in the section where another test pit (939N919W) was located, only about 40 cm of deposits overlay sterile soil. The bottom of this test pit also exposed a section of hard bedrock in addition to the very compact sterile clay which underlay the cultural deposits elsewhere in the central plaza area. A final test at 952N923W was halted after very little excavation because it had cut into a nest of biting red ants.

In general, we may conclude that the floor of the central plaza was created with some artificial leveling and at least a partial surfacing with yellow clay in the Late Santa María phase and that use continued into the Early Palo Blanco phase.

EXCAVACIONES EN LA PLAZA CENTRAL

El foco claro del sitio de Quachilco es el complejo de montículos que definen y rodean una plaza a nivel de unos 150 por 125 m. Estos montículos, que fluctúan entre 2 y 9 m de altura, son los restos de una arquitectura de piedra bastante elaborada—conclusión aparente a partir de la observación superficial y confirmada por la excavación. Por lo menos alguna de esta arquitectura debe representar las clases de estructuras públicas o ceremoniales conocidas en muchos otros sitios de este período en Mesoamérica. Fué nuestra intención al comienzo de las excavaciones dedicar tan poco tiempo y energía a estos montículos como era posible dados nuestros objetivos de excavación y dada la importancia obvia de esta área en el funcionamiento de la comunidad de Santa María Tardía/Palo Blanco Temprano allí. Ya que nuestros objetivos se centraban en muestrear el rango de elementos, artefactos y restos de flora y fauna en Quachilco, la excavación de depósitos primarios, no en el relleno de los montículos, era esencial. Puesto que nuestros recursos eran limitados, cada día gastado en una excavación significaba un día menos para excavar en alguna otra localidad. Era especialmente importante evitar el compromiso mayor de tiempo y recursos entrañados en exposiciones arquitectónicas masivas en los montículos de la plaza central—descubrimientos arquitectónicos que era probable que nos avanzarían poco hacia nuestros objetivos generales.

Algunas excavaciones fueron, no obstante, acometidas en la plaza central y sus alrededores. Estas se dedicaron primariamente a establecer las fechas de construcción de las varias plataformas representadas hoy por los montículos. En unos pocos casos, estas trincheras de prueba iniciales resultaron en el descubrimiento un poco inesperado de depósitos primarios que fueron de interés suficiente para merecer excavaciones ampliadas. En todo case, todos los montículos mayores del complejo de la plaza central fueron probados de tal manera que tenemos las muestras de cerámica necesarias para estimar sus fechas de construcción. Esto suministrará una base para evaluar los roles jugados por las actividades realizadas en estas estructuras en la fundación y crecimiento de Quachilco. La distribución de las excavaciones de prueba en 1975 y 1977 tiende a localizarse a distancia de la sección norte, especialmente de la sección noreste, de la plaza central ya que en esta área fué donde las excavaciones conducidas por MacNeish y sus colegas se concentraron en 1962.

Montículos Norte y Este: Pruebas

Excepto por tres trincheras de prueba pequeñas, todo el esfuerzo de excavación en la temporada de 1962 fué dirigido a los montículos que forman los lados norte y este de la plaza central. En consecuencia, una atención relativamente superficial se dedicó aquí en las temporadas de 1975 y 1977.

Dos trincheras de prueba, 1030N983W y 1030N1000W, fueron excavadas

3. EXCAVACIONES EN LA PLAZA CENTRAL

en el amplio costado norte del montículo ubicado en el extremo norte de la plaza. Estas trincheras estaban en la vecindad general de la prueba Nº 1 de la temporada de 1962, que MacNeish et al. (1972:207) describen como poseedora de una buena estratigrafía, pero ni la estratigrafía ni los artefactos recuperados en nuestras dos pruebas fueron lo suficientemente alentadores para hacer mas excavaciones.

La prueba en el punto 1030N983W comenzó como una trinchera de 1 por 2 m en la forma usual, con la dimensión más larga orientada de norte a sur. Se descubrió un muro de piedras rudamente talladas cuya parte superior estaba solamente a cerca de 20 cm de profundidad. La excavación fué expandida para incluir dos cuadrados mas (1030N982W y 1031N982W) directamente localizados hacia el este de los dos cuadrados que conformaban la trinchera original. La excavación de esta área mas grande no reveló pisos asociados con el muro y mostró que lo que originalmente había parecido una esquina en donde otro muro se unía al principal era ilusorio. El muro tenía una altura de cerca de 1 m; su orientación era aproximadamente 20° al oeste del norte magnético, y estaba considerablemente fuera de plomo con su parte superior unos 40 cm más hacia el este que su base. Este muro aparentemente había sido el muro de contención de una plataforma con sus lados ligeramente inclinados hacia adentro. Parece que el muro fué construido en tierra estéril, que en esta trinchera apareció cerca de los 1.70 m de profundidad. La estratigrafía no estaba muy bien definida en ninguno de los lados del muro.

La prueba en el punto 1030N1000W fué otro esfuerzo por encontrar los depósitos prometedores encontrados en la prueba Nº 1 de la temporada de 1962. En suma, ésta no fué más exitosa que la prueba descrita anteriormente. Esta prueba alcanzó tierra estéril después de atravesar unos 2.10 m de estratos pobremente definidos con muy pocos artefactos. Los depósitos encontrados en estas dos trincheras, entonces, pueden haber sido primariamente relleno de construcción y material erosionado de la parte superior del montículo. Los artefactos no fueron muy numerosos; todos ellos excepto aquellos provenientes de los niveles superiores fueron fechados en la fase Santa María Tardía.

En el montículo que define el lado este de la plaza central una sola trinchera de prueba fué excavada en el punto 860N868W. Esta trinchera atravezó aproximadamente 2.40 m del montículo que consistía en tierra más o menos suelta con cascajo de roca y pedazos de adobe y posteriormente atravezó 50 cm de depósitos con artefactos antes de alcanzar tierra estéril. La construcción de la plataforma, tal como los depósitos culturales por debajo de ella, databan de la fase Santa María Tardía.

Montículo Sur: Area J

La Area J comenzó como una trinchera de prueba en el punto 832N909W en el extremo este del montículo que forma el borde sur de la plaza central. Aproximadamente a 40 cm de profundidad, la parte superior de un muro de piedra tallada fué encontrada. La orientación de este muro era cerca de los 19° al oeste del norte magnético. Como éste solo se metía un poco en la porción oriental de la trinchera la excavación se continuó a su lado. El muro resultó tener aproximadamente 1.80 m de altura y estaba asociado con un grueso piso de arcilla amarilla (Fig. 5). Es concebible que este piso fué construído un poco más tarde que el muro ya que éste cubría más o menos los 30 cm inferiores del muro. Tanto el muro como el piso yacían directamente sobre una capa de arcilla de color café con pedazos de carbón, rocas, y pedazos de adobe; esta era la capa cultural más profunda en la trinchera. La profundidad total, desde la superficie del suelo hasta tierra estéril, fué de cerca de 2.40 m.

El examen inicial de la cerámica de esta prueba reveló que la capa sobre la que el muro y el piso de arcilla asociado descansaban, databa de la fase Santa María Tardía. El relleno del lado del muro contenía solamente material de la fase Santa María Tardía/Palo Blanco Temprano que correspondía por lo menos a la mitad inferior del muro. Pero el depósito que correspondía a los 50 cm superiores del muro contenía cerámica mezclada de la fase Venta Salada. Excavación adicional en el lado oriental del muro reveló que la trinchera de prueba había expuesto la cara exterior de un muro de contención de una plataforma que había sido construído en la fase Santa María Tardía. La base del muro había sido parcialmente cubierta, bien antes de que el sitio fué abandonado durante la fase Palo Blanco Temprano o, quizás más probablemente, durante el resto de la fase Palo Blanco cuando el sitio no estaba ocupado. Las porciones superiores de la plataforma no fueron completamente sepultadas hasta la fase Venta Salada o más tarde.

Si este montículo hubiese sido simplemente la plataforma sencilla que sus contornos sugerían, este muro no hubiera aparecido aquí del todo. Este cortaba a través del eje del montículo. Mas aún, un segundo muro que correspondía aproximadamente al borde norte de la trinchera de prueba intersectaba el primero en un ángulo recto a pesar de que las piedras que formaban los dos muros no se sobreponían para unir la esquina. De hecho, los muros ni se tocaban, dejando un espacio de unos pocos centímetros de ancho justamente en la esquina lo que sugería que éstos fueron construidos en dos ocasiones diferentes mas bien que ser porciones de un único edificio. Todo esto indicó una mayor complejidad arquitectónica de lo que se había esperado en este montículo comparativamente bajo.

Ya que la parte superior del muro estaba relativamente cerca a la superficie y ya que los depósitos asociados con la parte superior del muro estaban totalmente mezclados, existía la oportunidad de explorar mas la arquitectura con poca inversión de tiempo o recursos. Asi una excavación poco profunda en un número de cuadrados se expandía desde la trinchera de prueba para seguir los dos muros que habían aparecido. Estos últimos se siguieron hasta que se alcanzó un punto en el que su parte de arriba estaba tan profundamente enterrada que una excavación substancial en un depósito sin mezclar habría sido necesaria para descubrirlo. Los resultados de seguir los muros están ilustrados en la Fig. 5. Mientras que la naturaleza exacta de esta estructura no puede ser determinada al exponer una sección tan pequeña de ella, es claro que el montículo del extremo sur de la plaza central es lo que queda de una estructura más complicada que una única plataforma larga y baja. La estructura fué construída en la fase Santa María Tardía y el montículo no tomó aproximadamente sus contornos presentes

3. EXCAVACIONES EN LA PLAZA CENTRAL

hasta por lo menos la fase Venta Salada.

Montículos en la Plaza Central: Pruebas y Area E

En adición a los montículos que definen los bordes de la plaza central existen tres mas en la área de la plaza misma. Dos de éstos son montículos mas bien bajos, largos y estrechos, claramente separados de los montículos que bordean la plaza. El otro es un montículo más alto y circular conectado a los montículos que forman el lado occidental de la plaza por una sección de montículo más baja. Si esta conección representa los restos de una construcción o si es el resultado de la erosión proveniente de los montículos más altos no es claro.

El montículo circular del lado occidental de la plaza fué investigado en 1977 por medio de una trinchera de prueba en el punto 879N1003W. Cuando el borde de un pavimento de piedras planas se encontró en la parte norte de la trinchera de 1 por 2 m, un cuadrado adicional hacia el sur (878N1003W) fué abierto para permitir que la excavación prosiguiera hacia abajo sin remover nada del pavimento. Cerca de 1.20 m de cascajo y de material de relleno yacían sobre cerca de 90 cm de depósitos culturales primarios que incluían un piso de arcilla amarilla bordeado por una hilera única de piedra a una elevación de 92.85 m. Esto puede haber sido una sección del afirmado de la plaza central descrito más abajo. Las indicaciones preliminares son que todos estos depósitos datan de la fase Santa María Tardía.

El montículo rectangular bajo que corre de norte a sur a lo largo del lado oriental de la plaza central fué denominado como Area E. Se levantó un plano de todas las indicaciones superficiales de arquitectura, y el montículo fué explorado mas por medio de dos trincheras de prueba (886N940W y 941N951W). Cada una de las dos trincheras atravezó un poco menos de 2.00 m de relleno de construcción, por debajo del cual en cada caso existían otros depósitos culturales de 30 a 40 cm de espesor. A pesar de que estos depósitos inferiores, desde aproximadamente el nivel del piso de la plaza hacia abajo, eran de la fase Santa María Tardía, la construcción del montículo aparentemente data de la fase Palo Blanco Temprano. Varios alineamientos de piedra en la superficie y los contornos del montículo sugieren un complejo de estructuras quizá arreglado alrededor de patios pequeños mas bien que una única plataforma larga que soportaba un edificio o edificios en un solo nivel y que se abría hacia afuera a la plaza. En este respecto el montículo llamado Area E puede ser similar al montículo que forma el lado sur de la plaza, una porción del cual fué descrita anteriormente como Area J.

El Piso de la Plaza Central: Pruebas

Cuatro trincheras de prueba fueron excavadas en el nivel del piso de la plaza central misma. La elevación de este piso es ligeramente más alta que la curva de nivel de los 93.00 m, y varía solo ligeramente excepto cerca de las bases de los montículos donde la deposición de material erosionado de la superficie de los montículos se ha acumulado.

La trinchera de prueba mas hacia el sur (836N947W) estaba lo suficientemente cerca a uno de los montículos que algunos 80 cm de sedimento natural que contenía material cultural se había acumulado sobre un piso de arcilla amarilla presionada que probablemente representaba un afirmado de la plaza central. Esta superficie de arcilla amarilla estaba a una elevación de cerca de los 93.00 m—la misma que la elevación general de la plaza. Por debajo de esta superficie existía cerca de 1.00 m de depósitos adicionales que pueden haber representado un nivelado artificial de la área de la plaza.

Una trinchera de prueba en el punto 865N929W produjo unos 80 cm de depósitos culturales por debajo de los 93.06 m de elevación de la superficie de esta sección de la plaza. La elevación que habría incluído la superficie de arcilla amarilla encontrada en la trinchera descrita arriba estaba bien metida dentro de la zona de arado de manera que su ausencia en esta trinchera, y en la que se describirá a continuación, no excluye la posibilidad de que tal superficie cubría la plaza entera. Los depósitos entre el nivel de los 93.00 m y la tierra estéril fueron similares aquí a aquellos encontrados en la trinchera de prueba descrita anteriormente.

A pesar de que la superficie de la plaza estaba aproximadamente a los 93.00 m de elevación en la sección donde otra trinchera de prueba estaba localizada (939N919W), solamente cerca de 40 cm de depósitos yacían sobre tierra estéril. El fondo de esta trinchera de prueba expuso también una sección de lecho de roca dura en adición a la arcilla estéril muy compacta que estaba por debajo de los depósitos culturales en otras partes de la área de la plaza central. Una prueba final en los 952N923W fué suspendida después de muy poca excavación ya que había cortado en un nido subterráneo de hormigas rojas.

En general, podemos concluir que el piso de la plaza central fué creado por medio de alguna nivelación artificial y por lo menos un afirmado parcial con arcilla amarilla durante la fase Santa María Tardía y que su uso continuó hasta la fase Palo Blanco Temprano.

4. EXCAVATIONS TO THE WEST OF THE CENTRAL PLAZA

As can be seen in the site map of Fig. 3, the largest section of the core area of Quachilco and the greatest concentration of surface remains of architecture outside the central plaza are in the area west of the plaza. Altogether, 12 test pits were excavated at structures in this area, and five of these were expanded to larger sizes as Areas B, K, L, M, and N.

Northwest Corner of the Plaza: Tests and Area K

Several smaller plazas were created just outside the central plaza at Quachilco by using the outside of one of the central plaza mounds as one side and defining the other sides with smaller structures. One such plaza occurred just outside the mound forming the northern end of the west side of the central plaza.

One of the two test pits excavated in this small plaza (935N1089W) was in the lower flank of the mound marking the west side of the plaza. The deposits encountered included about 2.10 m of construction fill representing two stages of construction. Under this was a layer about 60 cm thick of primary cultural deposit over sterile yellow clay. The construction dated to the Late Santa María/Early Palo Blanco occupation of the site; more precise dating will require further study of the material recovered. The deepest deposits in this pit apparently dated to the very earliest stages of the occupation, around the middle of the Santa María phase.

The other test pit in this area (952N1072W) was located in the east side of the small plaza and thus was in the western or exterior flank of the mound which defines the west side of the central plaza. This test pit was expanded into the Area K excavations shown in Fig. 6.

The sequence of features and strata in Area K was rather complex. At the deepest level, some 4.00 m below the present ground suface, a layer of material dating to the earliest part of the Late Santa María phase overlay sterile yellow clay. In some parts of the excavation at least this layer was capped by a yellow clay surface. Above this was a thick (over 2.00 m) deposit of relatively undifferentiated soil which, nevertheless, seemed to be primary deposit. It contained a burial consisting of a single poorly preserved skull. Then within a space of about 80 cm was a series of floors covering only the eastern section of the excavations. At least a dozen different well-prepared surfaces were present in this section of alternating thin layers of compact tan clay and ash or ashy soil. Many post holes, small pits, and hearths were also present, intersecting one or more of the prepared surfaces. The floors were all interrupted at the west side as indicated on the section in Fig. 6, and they extended beyond the excavated area on the south and east sides. The upper floors at least were in association with a well-faced stone wall (Feature 29) which marked their

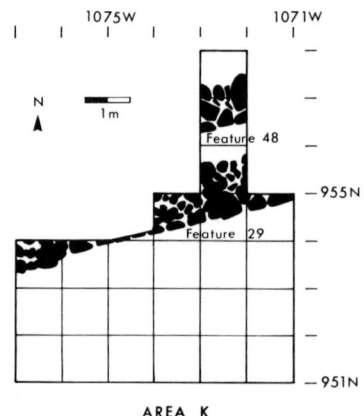

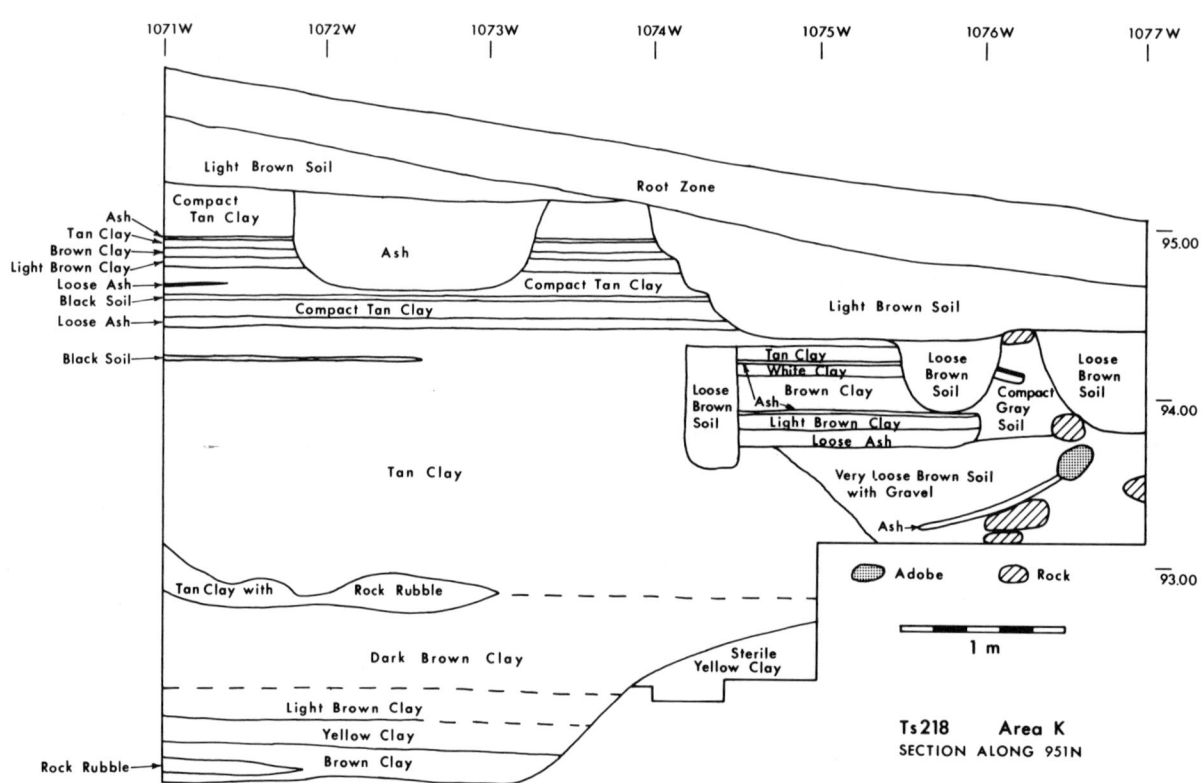

Fig. 6. Plan and section of Area K excavations.

4. EXCAVATIONS TO THE WEST OF THE CENTRAL PLAZA

north edge. The wall was about 50 cm high and was oriented at right angles to approximately the dominant architectural orientation at Quachilco, in this instance about 15° west of magnetic north. Although the wall was well faced on the south side, the north side was much rougher, consisting of smaller rocks set irregularly into a clay matrix with little or no effort to make an even face. The irregularity of the north face and the nature of the deposits north of the wall suggested that the wall may have served as a retaining wall for a platform as well as one edge of the floors extending southward.

The post holes in some of the floors indicated that a series of structures of perishable materials was apparently constructed here at the south edge of the platform of which Feature 29 was the wall. Feature 48 (Fig. 6) consisted of flat stone slabs forming a pavement with an edge parallel to the wall of Feature 29. This pavement was covered over by the mound construction of which Feature 29 was a part. The entire sequence of construction just described was covered over in turn by a layer of rubble fill which was part of the last stage of platform construction in this area.

It is clear from preliminary examination of the material from these excavations that the lowest deposits date to the middle of the Santa María phase. It is not yet certain, however, at what point during the Late Santa María/Early Palo Blanco occupation construction was complete although all construction does date to this occupation.

Southwest Corner of the Plaza: Tests and Area N

At the southern end of the complex of architectural remains just west of the central plaza four test pits were excavated. One of these was expanded to slightly larger scale excavations as Area N.

A test pit at 854N1080W was located in the flank of a small mound defining the western edge of an enclosed patio. The upper 1.20 m of deposit here consisted of rubble construction fill. A small portion of a paving of flat stones in the north end of the pit represented a slightly earlier stage of construction which was buried by the later fill. Below these layers were primary deposits of Late Santa María phase material including an ash-filled pit and a possible clay floor. Sterile soil occurred about 2.40 m below the ground surface.

Two more tests were located in a mound which forms a westward extension of the mound along the south end of the central plaza. One of them, at 800N1058W, contained a yellow clay floor about 30 cm below the surface, under which were about 90 cm of Late Santa María phase deposits with relatively sparse artifacts. The other, at 797N1079W, was located higher up on the mound and contained some 1.40 m of deposits above sterile soil. Except for the uppermost layers which contained mixed Postclassic material, these deposits dated to the Late Santa María phase.

The fourth test, at 826N1026W, was located in the southwestern flank

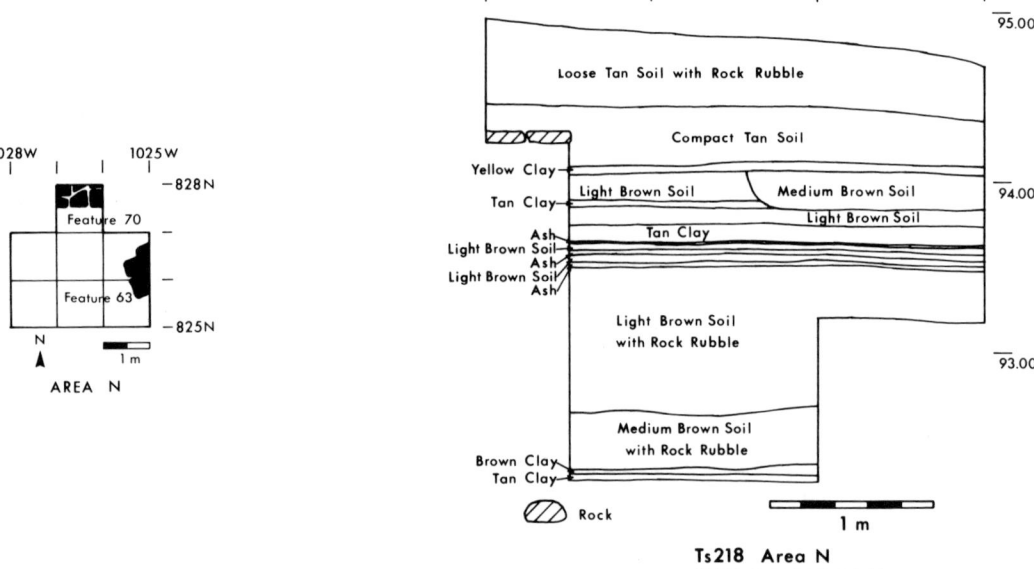

Fig. 7. Plan and section of Area N excavations.

of the mound which defines the south end of the west side of the central plaza. It was thus in the side of the mound which faced away from the central plaza and toward a small subsidiary plaza. This pit was expanded slightly to become Area N (Fig. 7). What may have been the end of a stone wall (Feature 63) 30 cm high extended only a little way into the excavated area from the east. About 10 cm lower the southern edge of a paving of flat stones extended slightly into the northern section of the pit. It was called Feature 70 and left in place.

The sequence of strata here was not unlike that encountered in Area K. Beneath 70 to 80 cm of deposit consisting partly of construction fill and partly of material washed down from higher up on the mound was a series of alternating light brown or tan clay floors and ash lenses accounting for 70 cm of deposit altogether. These thin layers included some pits which cut through one or more of the floors. The expanded excavations reached only this depth, with the test pit alone (reduced by the size of Feature 70) reaching sterile soil about 2.60 m below the surface. These deeper layers, excavated only in the test pit, were thick and poorly differentiated, containing moderate amounts of cultural material. The entire sequence of primary deposits here dated to the Late Santa María/Early Palo Blanco occupation of the site.

4. EXCAVATIONS TO THE WEST OF THE CENTRAL PLAZA

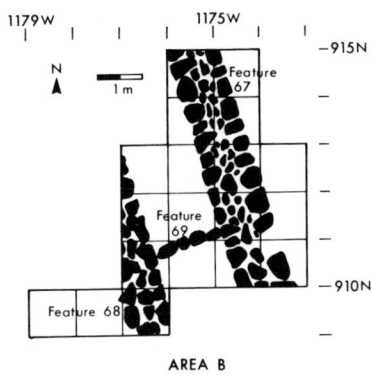

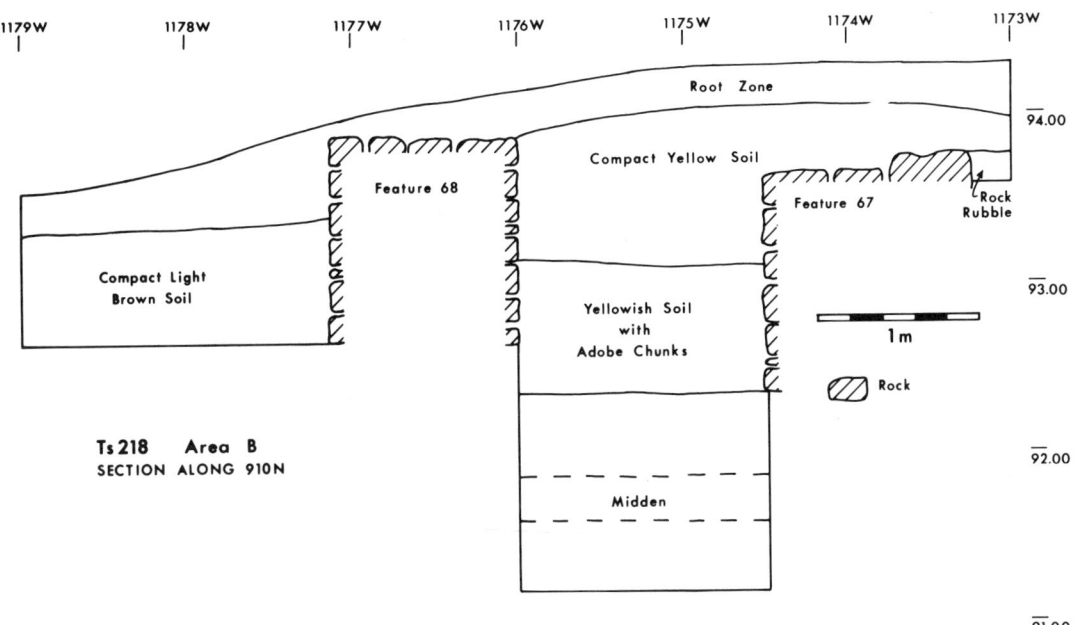

Fig. 8. Plan and section of Area B excavations.

Structures West of the Plaza: Tests and Areas B, L, and M

In the area a few hundred meters west of the central plaza are a number of isolated mounds or sets of mounds. These are all small, low mounds in comparison with the mounds of the central plaza itself. Six test pits, of which three were expanded to become Areas B, L, and M, were opened in these structures.

Area B began as a test pit at 913N1175W. Located in the flank of a small mound some 150 m west of the central plaza, this test revealed much more substantial architectural remains than were expected (Fig. 8). Over some 1.20 m of Late Santa María phase midden deposits were the stone walls of at least two construction stages of a platform. The earlier wall (Feature 67) retained the rubble fill of a platform about 1.20 m high and was probably built during the Late Santa María phase. The later wall (Feature 68) was built during the Early Palo Blanco phase to enlarge and slightly raise the platform. The two were connected by a smaller wall (Feature 69) which seems merely to have buttressed the later wall. No trace of any structures built on the platform's surface was found in the small area excavated where the original surface of the platform would have been. Following its abandonment during the Early Palo Blanco phase, the platform was buried as the result of natural geological action.

A test pit south of Area B was located at 854N1184W in the edge of another low mound. Sterile yellow clay was encountered at an elevation of about 92.80 m below some 60 to 80 cm of deposits with very sparse cultural material.

Just west of this test pit is a rectangular patio some 20 by 25 m. A test pit at 851N1213W in the mound forming the north side of this patio eventually became the Area M excavations (Fig. 9). The depth of these excavations ranged from slightly under to slightly over 1.00 m. The deposits were several poorly differentiated layers containing the remains of a number of modest structures. Clearly a considerable amount of rebuilding had gone on in this location, and architecture was not well preserved. The most complete architectural features were Feature 59, a few stones from a wall with an associated patch of floor, and Feature 61, two short parallel segments of stone walls. Continual disturbances of earlier construction and reuse of stones from earlier walls made a reconstruction of the architectural sequence difficult. Material from the deposits dated to the Late Santa María/Early Palo Blanco occupation of Quachilco, but further study will be required to produce more precise dates.

Just west of the patio where the Area M excavations were located is

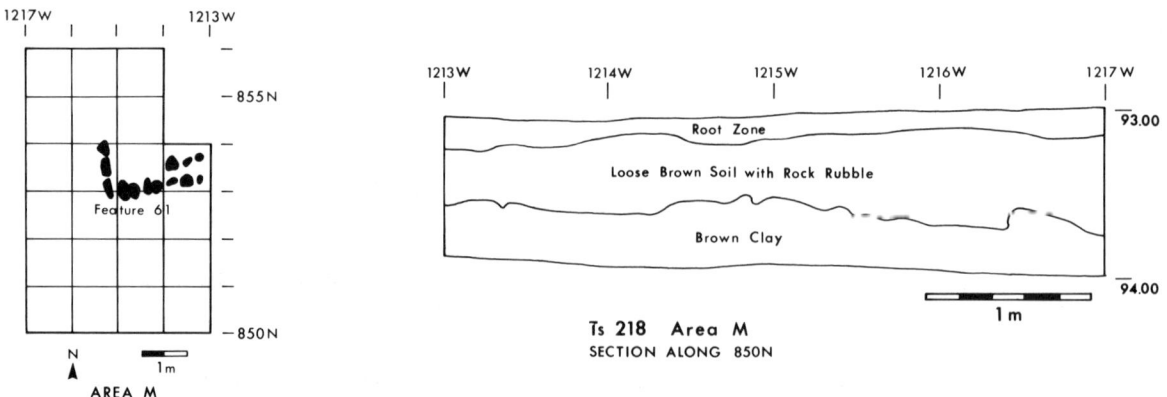

Fig. 9. Plan and section of Area M excavations.

4. EXCAVATIONS TO THE WEST OF THE CENTRAL PLAZA   39

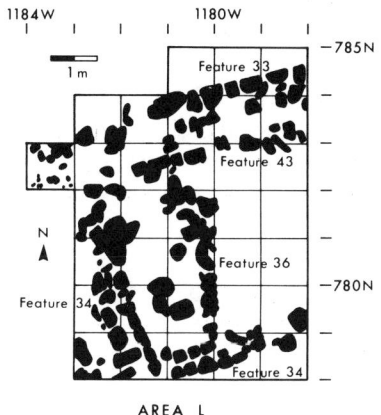

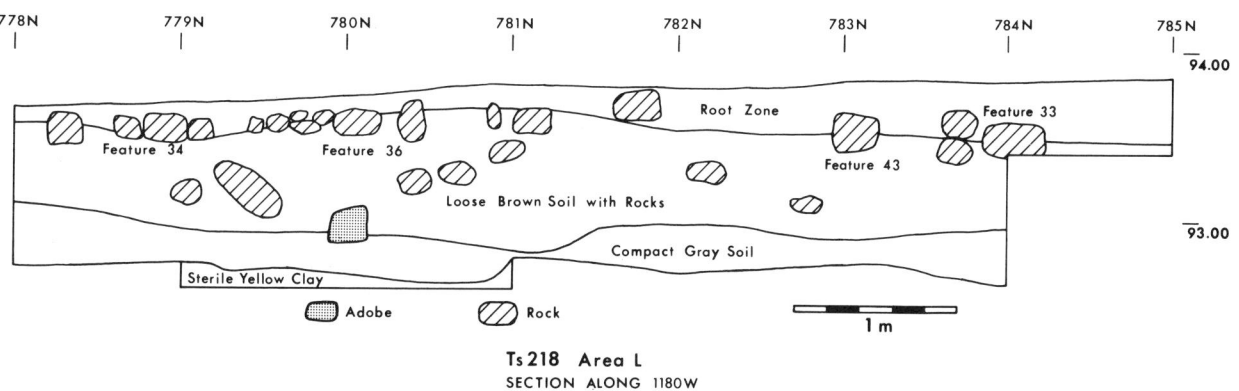

Fig. 10. Plan and section of Area L excavations.

another slightly smaller patio where a test pit (839N1244W) was dug into the edge of one of the structures. The deposits here were slightly deeper than in Area M (1.10 to 1.30 m), but the bulk of them consisted of rubble construction fill. No features were encountered, and the cultural material, while sparse, dated to the Late Santa María phase.

Southeast of Area M were the Area L excavations which began as a test pit at 779N1179W. Area L consisted of deposits not unlike those of Area M. Poorly differentiated layers slightly less than 1.00 m thick contained numerous structural remains (Fig. 10). Although the number of preserved walls here was considerably greater than in Area M, interpretation was equally difficult since the relationships between architectural features remained undetermined. The stone bases of the walls of rectangular structures were called Features 33, 34, 36, and 43. Feature 34 clearly represented a north-south wall and an east-west wall meeting to form a corner at the south of Area L. Like the other walls, these were oriented about 20° west of magnetic north. Feature 36 was another north-south wall, apparently pertaining to a different construction stage from Feature 34.

Features 33 and 43 were two parallel east-west walls, one of which was very likely part of the same structure as Feature 34, although the area where they would have met to form a corner was badly disturbed.

Several patches of yellow clay floor were preserved, but they were neither very large nor clearly associated with any of the walls. The entire sequence of deposition, which also included other features such as hearths and fire pits, dated to the Late Santa María and Early Palo Blanco phases.

A test pit was excavated in a small isolated mound east of Area L at 773N1141W. Some 2.00 m of primary deposits here included a yellow clay floor which ended at one edge at a large flat rock. The deposits above this floor (over half the depth of the pit) included Venta Salada phase material, and the floor itself may date to this period as well. Only the lower 80 cm of deposits above sterile soil dated securely to the Late Santa María/Early Palo Blanco occupation, and these contained no features and only sparse artifacts.

EXCAVACIONES AL OESTE DE LA PLAZA CENTRAL

Como puede verse en el mapa del sitio en la Fig. 3, la sección más grande de la área nuclear de Quachilco y la concentración más grande de restos superficiales de arquitectura por fuera de la plaza central están en la área hacia el oeste de la plaza. En conjunto, 12 trincheras de prueba fueron excavadas en estructuras de esta área y cinco de ellas fueron expandidas para formar las Areas B, K, L, M y N.

Esquina Noroeste de la Plaza: Pruebas y Area K

Varias plazas más pequeñas fueron creadas justamente por fuera de la plaza central en Quachilco utilizando la parte exterior de uno de los montículos de la plaza central como un lado y definiendo los otros lados con estructuras más pequeñas. Una de tales plazas está justamente por afuera del montículo que forma el extremo norte del lado occidental de la plaza central.

Una de las dos trincheras de prueba excavadas en esta pequeña plaza (935N1089W) estaba en el flanco inferior del montículo que marca el lado occidental de la plaza. Los depósitos encontrados incluían cerca de 2.10 m de relleno de construcción que representaban dos etapas de la construcción. Debajo de éste había una capa de cerca de 60 cm de espesor de depósitos culturales primarios sobre arcilla amarilla estéril. La construcción data de la ocupación Sata María Tardía/Palo Blanco Temprano del sitio, a pesar de que un fechamiento mas preciso requerirá mas estudio del material recuperado. Los depósitos más profundos en esta trinchera aparentemente datan de las etapas de ocupación más tempranas, alrededor de la mitad de la fase Santa María.

La otra trinchera de prueba en esta área (952N1072W) estaba localizada en el lado este de la plaza pequeña, y de esta forma ocupaba el flanco occidental o exterior del montículo que define el lado este de la plaza central. Esta trinchera fue expandida en las excavaciones de la Area K mostradas en la Fig. 6.

La secuencia de elementos y estratos en la Area K fue más que compleja. Al nivel más profundo, unos 4.00 m por debajo de la superficie del suelo presente, una capa de material que databa de la parte media de la fase Santa María yacía sobre arcilla amarilla estéril. Esta capa estaba coronada, al menos en algunas partes de la excavación, por una superficie de arcilla amarilla. Por encima de esto había un grueso depósito (de más de 2.00 m) de tierra relativamente no diferenciada, que, a pesar de todo, parecía ser un depósito primario. Después, en un espacio de cerca de 80 cm había una serie de pisos que cubrían solamente la sección occidental de las excavaciones. Por lo menos una docena de superficies bien preparadas estaban presentes en esta sección de capas delgadas que se alternaban de arcilla compacta y de cenizas o tierra con cenizas. Muchos huecos de poste, pozos pequeños y hogares estaban también presentes, e intersectaban una o mas de las superficies preparadas. Los pisos estaban todos interrumpidos en el lado occidental, tal y como está indicado en la sección de la Fig. 6, y se extendían mas allá de la área excavada hacia los lados sur y este. Por lo menos los pisos superiores estaban asociados con un muro de piedra bien tallada (Elemento Nº 29) que marcaba su margen norte. Este muro tenía cerca de 50 cm de altura y estaba orientado en ángulos rectos y de acuerdo con la orientación arquitectónica dominante en Quanchilco, en este caso unos 15° al oeste del norte magnético. A pesar de que el muro era bien parejo en el lado sur, el lado norte era mucho mas burdo y consistía de rocas más pequeñas ordenadas irregularmente en una matriz de arcilla con poco o ningún esfuerzo por lograr una cara pareja. La irregularidad de la cara norte y la naturaleza de los depósitos al norte del muro sugerían que el muro sirviera como un muro de contención de una plataforma asi como también de un borde de los pisos que se extendían hacia el sur.

Los huecos de poste en algunos de los pisos indicaron que una serie de estructuras de materiales perecederos aparentemente fue construída aquí en el margen sur de la plataforma de la que el Elemento Nº 29 era la pared. El Elemento Nº 48 (Fig. 6) consistía en losas de piedras planas que formaban un pavimento con un borde paralelo al muro del Elemento Nº 29. Este pavimento estaba cubierto por la construcción del montículo de que el Elemento Nº 29 formaba parte. La entera secuencia de construcción que se acaba de describir estaba, a su vez, cubierta por una capa de relleno de cascajo que formaba parte de la etapa final de la construcción de plataformas en esta área.

Es claro a partir del examen preliminar del material de estas excavaciones que los niveles inferiores datan de la mitad de la fase Santa María. No es seguro todavía, sin embargo, a que punto durante la ocupación Santa María Tardía/Palo Blanco Temprano la construcción fue completada, a pesar de que toda construcción esta positivamente fechada en esta ocupación.

Esquina Suroeste de la Plaza: Pruebas y Area N

En el extremo sur del complejo de restos arquitectónicos justamente situados al oeste de la plaza central, cuatro trincheras de prueba fueron excavadas. Una de estas fue ligeramente ampliada en excavaciones de escala mayor para formar la Area N.

La trinchera de prueba en el punto 854N1080W estaba localizada en el flanco de un montículo pequeño que definía el margen occidental de un patio encerrado. Los 1.20 m superiores del depósito en esta trinchera consistían de relleno de cascajo. Una pequeña porción de un pavimento de piedras planas en el extremo norte de la trinchera, representaba una etapa de construcción un poco más temprana que fue enterrada por relleno posterior. Por debajo de estas capas había depósitos de material de la fase Santa María Tardía que incluían un pozo lleno de ceniza y posiblemente un piso de arcilla. Tierra estéril apareció cerca de los 2.40 m de profundidad a partir de la superficie del suelo.

4. EXCAVACIONES AL OESTE DE LA PLAZA CENTRAL

Dos trincheras mas estaban localizadas en un montículo que forma una extensión hacia el occidente del montículo situado a lo largo del extremo sur de la plaza central. Una de ellas, en el punto 800N1058W mostró un piso de arcilla amarilla a unos 30 cm de profundidad, por debajo del cual había unos 90 cm de depósitos de la fase Santa María Tardía que contenían artefactos relativeamente dispersos. La otra, en el punto 787N1079W, estaba ubicada mas hacia arriba del montículo y contenía unos 1.40 m de depósitos por encima de la tierra estéril. Excepto por las cápas superiores que contenían material mezclado del Postclásico, los depósitos anteriores databan de la fase Santa María Tardía.

La cuarta prueba, en el punto 826N1026W, estaba localizada en el flanco suroeste del montículo que define el extremo sur del lado oeste de la plaza central. De esta forma, esta prueba estaba al lado del montículo que mira hacia afuera de la plaza central por el lado oeste, y en frente de una pequeña plaza subsidiaria. Esta trinchera fue ampliada ligeramente para convertirse en la Area N (Fig. 7). Lo que podría haber sido el extremo de un muro de piedra (Elemento Nº 63) de 30 cm de altura, se introducía un poco en la área excavada desde el lado este. Unos 10 cm mas abajo se encontró el margen sur de un pavimento de piedras planas, que se extendía ligeramente en la sección norte de la trinchera. Este pavimento fue denominado como el Elemento Nº 70 y fue dejado en su lugar.

La secuencia de estratos en este lugar no fue diferente de la encontrada en la Area K. Por debajo de 70 a 80 cm de un depósito que era en parte relleno de construcción y en parte material erosionado de mas arriba del montículo, había una serie de pisos de arcilla parda clara u oscura que se alternaban con lentículas de ceniza que en conjunto daban cuenta de 70 cm de depósito. Estas delgadas capas incluían algunos pozos que cortaban a través de uno o mas de estos pisos. Las excavaciones extensas solo alcanzaron esta profundidad, excepto por la trinchera de prueba (reducida por el tamaño del Elemento Nº 70) que alcanzó tierra estéril a una profundidad de 2.60 m. Estas capas más profundas, que fueron excavadas solamente en la trinchera de prueba, eran gruesas y poco diferenciadas, y contenían cantidades moderadas de material cultural. La secuencia entera de depósitos primarios en este lugar databa de la ocupación Santa María Tardía/Palo Blanco Temprano del sitio.

Estructuras al Oeste de la Plaza: Pruebas y Areas B, L, y M

En la área unos pocos cientos de metros al oeste de la plaza central hay un número de montículos aislados o conjuntos de montículos. Todos estos son montículos pequeños y bajos en comparación con los montículos de la plaza central misma. Seis trincheras de prueba, de las cuales tres fueron ampliadas para convertirse en las Areas B, L, y M, se abrieron en estas estructuras.

La Area B comenzó como una trinchera de prueba en el punto 913N1175W. Localizada en el flanco de un pequeño montículo unos 150 m al oeste de la plaza central, esta prueba reveló restos arquitectónicos muchos mas substanciales de lo que se esperaba (Fig. 8). Por encima de unos 1.20 m de un depósito de basuras de la fase Santa María Tardía, estaban los muros de piedra de por lo menos dos etapas de la construcción de una plataforma. El muro más temprano (Elemento N° 67) retenía el relleno de cascajo de una plataforma de cerca de 1.20 m de altura y fue probablemente construido durante la fase Santa María Tardía. El muro más tardio (Elemento N° 68) fue construido durante la fase Palo Blanco Temprano para alargar y elevar ligeramente la plataforma. Ambos estaban conectados por un muro mas pequeño (Elemento N° 69) que parece haber servido meramente para apuntalar el segundo de los muros mencionados anteriormente. No se encontró ningún rastro de cualquier estructura encima de la plataforma en la pequeña área excavada donde se habría encontrado la superficie original de la plataforma. Después de ser abandonada durante la fase Palo Blanco Temprano, la plataforma fue enterrada como resultado de la acción geológica natural.

Hacia el sur de la Area B, una trinchera de prueba estaba localizada en el punto 854N1184W en el margen de otro montículo bajo. Arcilla amarilla estéril se encontró a una elevación de cerca de 92.80 m, por debajo de unos 60 a 80 cm de depósitos que contenían material cultural muy disperso.

Justamente al este de esta trinchera está un patio rectangular de unos 20 por 25 m. Una trinchera de prueba en el punto 851N1213W, en el montículo que formaba el lado norte de este patio, se convirtió eventualmente en las excavaciones de la Area M (Fig. 9). La profundidad de estas excavaciones fluctuaba entre un poco menos de un metro y un poco mas de un metro. Los depósitos consistían de varias capas poco diferenciadas que contenían los restos de un número de estructuras modestas. Claramente una cantidad considerable de reconstrucción había tenido lugar en esta localización, y restos de arquitectura no fueron bien preservados. Los restos de arquitectura más completos eran Elemento N° 59, unas pocas piedras de un muro con un parche de piso asociado, y Elemento N° 61, dos segmentos paralelos cortos de muros de piedra. El disturbio continuado de las construcciones más tempranas y el reuso de piedras usadas en muros anteriores hicieron una reconstrucción de la secuencia arquitectónica difícil. El material de los depósitos fue fechado en la ocupación Santa María Tardía/Palo Blanco Temprano de Quachilco, pero estudio adicional será requerido para producir fechas más precisas.

Justamente al oeste de donde se localizaban las excavaciones de la Area M hay otro patio un poco más pequeño donde una trinchera de prueba (839N1244W) fue excavada en el margen de una de las estructuras. Aquí los depósitos fueron un poco más profundos que en la Area M (1.10 a 1.30 m), pero la mayoría de ellos consistían en relleno de cascajo. No se encontraron elementos, y el material cultural, aunque disperso, databa de la fase Santa María Tardía.

Hacia el sureste de la Area M se encontraban las excavaciones de la Area L que comenzaron como una trinchera de prueba en el punto 779N1179W. Esta última consistía de depósitos no diferentes de aquellos de la Area M. Capas pobremente diferenciadas de un poco menos de 1.00 m de espesor, contenían numerosos restos estructurales (Fig. 10). A pesar de que el número de muros preservados en este lugar era considerablemente mayor que en la

4. EXCAVACIONES AL OESTE DE LA PLAZA CENTRAL

Area M, la interpretación fué igualmente complicada ya que las relaciones entre elementos arquitectónicos no podían determinarse. Las bases de piedra de los muros de las estructuras rectangulares fueron denominadas como Elementos Nºs 33, 34, 36, y 43. El Elemento Nº 34 representaba claramente un muro de norte a sur y un muro de este a oeste que se encontraban para formar una esquina al sur de la Area L. Como los otros muros, estos últimos estaban orientados cerca de 20° al oeste del norte magnético. El Elemento N° 36 era otro muro de norte a sur, aparentemente perteneciente a una etapa de construcción diferente que el Elemento Nº 34. Los Elementos Nºs 33 y 34 eran dos muros paralelos del este al oeste, uno de los cuales probablemente fué parte de la misma estructura que el Elemento Nº 34, a pesar de que la área donde ellos se habrían encontrado para formar una esquina estaba muy perturbada.

Varios parches de un piso de arcilla amarilla estaban preservados, pero ninguno era muy grande, ni estaban claramente asociados con ninguno de los muros. La entera secuencia de deposición, que incluyó otros elementos, tales como hogares y pozos para hogueras, databa de las fases Santa María Tardía y Palo Blanco Temprano.

Una trinchera de prueba fué excavada en un montículo pequeño aislado al este de la Area L en el punto 773N1141W. Aquí unos 2.00 m de depósitos primarios incluían un piso de arcilla amarilla que terminaba en un margen de una gran roca plana. Los depósitos por encima de este piso (mas de la mitad de profundidad de la trinchera) incluían material de la fase Venta Salada, y el piso mismo puede datar de este período igualmente. Solamente los 80 cm inferiores de los depósitos por encima de la tierra estéril fueron fechados seguramente en la ocupación Santa María Tardía/Palo Blanco Temprano, y estos no contenían ningún elemento mas tan solo artefactos dispersos.

5. EXCAVATIONS SOUTH AND EAST OF THE CENTRAL PLAZA

Structures south and east of the central plaza were investigated with eight test pits of which four were expanded to become Areas A, D, F, and G.

Patio East of the Plaza: Areas A and D

Another small patio created against the exterior flank of one of the central plaza mounds occurs east of the plaza at the south end of this side. Two test pits in this small patio were expanded to somewhat larger size.

The test pit at 878N837W became Area A (Fig. 11). This excavation was roughly in the center of the level floor of the small patio. Below the patio floor were some 2.60 m of deposits dating to the Late Santa María phase. In the upper 2.00 m, thick layers of midden deposit alternated with layers of compact fine-grained tan soil with very few artifacts. Below this was a series of sand floors associated with a low stone wall (Feature 66). Two more layers with only moderate quantities of artifacts lay between these house remains and sterile soil.

The nearby Area D excavations began as a test pit at 882N810W in the flank of the mound northeast of the patio (Fig. 12). Beneath 50 cm of construction fill were two thick layers of probably primary debris dating to the earliest part of the Palo Blanco phase. The uneven surface of sterile soil was reached about 2.00 m below the surface. In the Late Santa María phase a large bell-shaped pit had been excavated into this sterile layer. The pit (Feature 2) was approximately 2.00 m deep, 1.90 m across at its widest point, and 80 cm in diameter at the mouth.

Isolated Structures East of the Plaza: Tests

Two tests were conducted at small isolated mounds in the area east of the central plaza. At 1010N777W one pit encountered a well-made plaster floor 1.00 m below the surface of the flank of a small mound. The floor was divided into two parts by a stone wall running due east and west (with respect to magnetic north) across the pit. This structure dated to the Venta Salada phase. Whether any portion of the deposits below it contained unmixed earlier material remains to be determined by further examination of the artifacts. At 712N736W a test pit cut through 1.00 m of adobe platform construction dating to the Venta Salada phase, overlying about 40 cm of Late Santa María phase deposits. A possible burial in the lowest part of this pit extended only slightly into the excavated area and was not removed.

48 EXCAVATIONS AT QUACHILCO

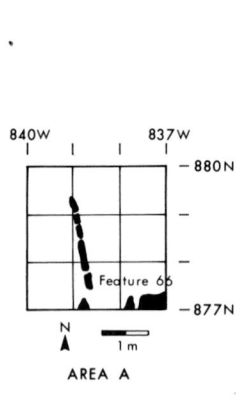
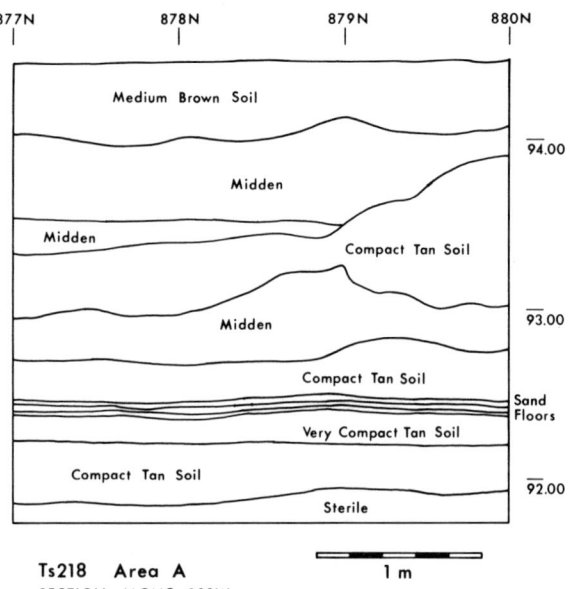

Fig. 11. Plan and section of Area A excavations.

Southeast Corner of the Plaza: Areas F and G

A test pit at 815N839W was excavated in a vacant space outside the relatively open southeast corner of the central plaza where no surface remains of architecture were visible. The Area F excavations began as trenches running east and west from the original test (Fig. 13). The trenches were expanded in turn to expose more of various features encountered in them. All deposits dated to the Late Santa María/Early Palo Blanco occupation of the site with the exception of the uppermost mixed layer. The deposits were mostly primary ones containing variable quantities of artifacts. They contained a number of hearths and ash lenses which will not be described individually here.

In the central section of the Area F excavations was a yellow clay floor at an elevation of about 93.00 to 93.40 m. A platform some 50 cm high was constructed of yellow-white clay over this floor at the west end of the excavations. A rectangular pit had been dug down through this platform, and the corner of an adobe wall (Feature 18) which followed the edge of the pit was discovered on the platform's surface. The platform's eastern edge corresponded to the orientation approximately 20° west of magnetic north which was most common to Quachilco's architecture. The functions of the pit and adobe wall were unclear. To the east, a stone wall (Feature 7) built on the level of the yellow clay surface cut across the excavations. This well-faced wall was also oriented approximately 20° west of magnetic north. No other wall or features such as post holes were encountered in association with the yellow clay surface or the platform. The surface continued eastward to the end of the excavated area although it was not so readily distinguished from the other layers in this eastward extension.

5. EXCAVATIONS SOUTH AND EAST OF THE CENTRAL PLAZA

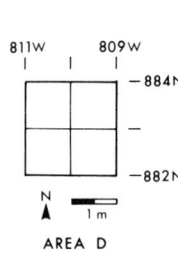
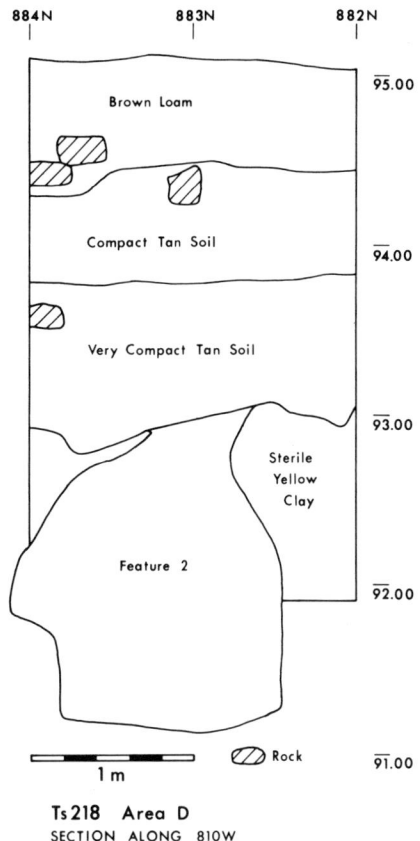

Fig. 12. Plan and section of Area D excavations.

In the extreme eastern part of Area F the yellow clay surface covered over Feature 9, the stone foundation of a house. The house measured some 2.50 m wide by more than 4.00 m long. Because of root action, its packed earth floor was not very well preserved. The stone wall foundations were one to two courses high, and they were oriented approximately 18° west of magnetic north. A possible doorway area was located in the eastern wall about 2.50 m from the northern end. Only the northern part of the house was excavated since the southern sections of the walls and floor were badly disturbed by the roots of a nearby mesquite tree. At a level slightly below that of the house floor and a meter or so north of it were the very incomplete remains of a burial.

About 30 m south of Area F, Area G was excavated into a mound, actually a long northward extension of a linear cluster of so-called salt mounds south of the central plaza. These salt mounds will be discussed in more detail below, but the amount of stone rubble on the surface and the results of excavation leave no doubt that the extension into which the Area G excavations were made must be classed with the stone construction mounds of the central plaza, regardless of its connection to a salt mound.

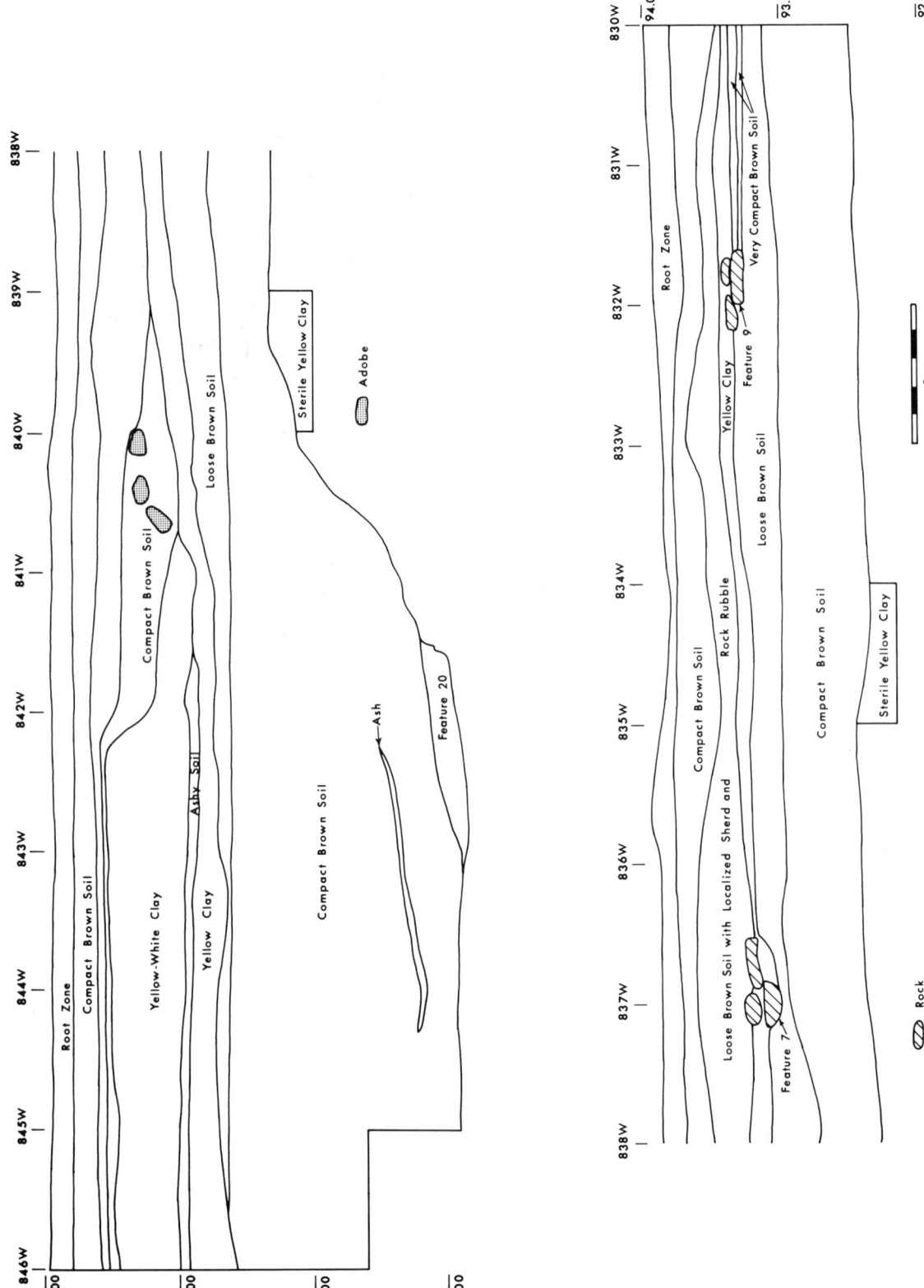

5. EXCAVATIONS SOUTH AND EAST OF THE CENTRAL PLAZA

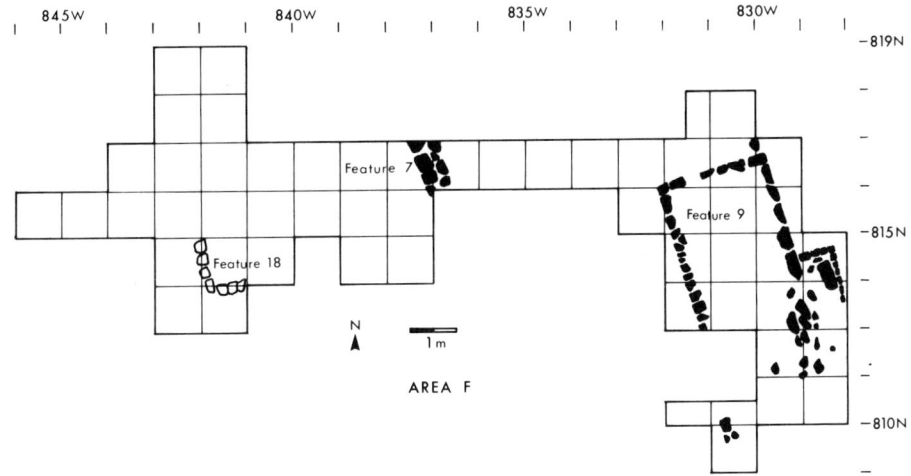

Fig. 13. Plan (above) and section (facing page) of Area F excavations.

Area G began as a test pit at 782N857W. The expansion consisted of a small square area to the west and a one meter trench extending 16 m to the east (Fig. 14). The mound did not contain large amounts of artificial fill but the accumulation of a series of primary deposits, features, and structures. As in Area F, a large number of hearths and ash lenses, which will not be described individually here, occurred among the deposits.

Feature 14, a clay house floor of rectangular shape, overlay some 30 cm of midden deposit which lay in turn on sterile soil. The floor was oriented due magnetic north and measured approximately 3.50 m east to west with only the northern end within the excavated area. The clay floor had been laid down over a level layer of adobes; no post holes or stone wall foundations were present.

At a slightly higher level, Feature 16 partly overlay Feature 14, although the two were separated by about 20 cm of midden accumulation. Feature 16 was a broad stone wall (over 1.50 m wide) consisting of two courses of flat stones. It was an east-west wall in terms of the dominant architectural orientation of the site, making a right angle with a line 22° west of magnetic north. The wall seemed to end before leaving the excavated area to the southwest, although a small number of missing stones could have given this impression. The stones overlay and sat in a layer of yellow clay which also extended somewhat beyond the edges of the wall, although no clear floor was associated on either side.

In its turn Feature 16 was buried by some 80 cm of further accumulated refuse which, together with the midden area occurring to the west of the feature, contained the highest density of such features as hearths and ash pits in Area G. This area of midden deposit also included the extremely fragmentary remains of two burials, the slightly more complete remains of a third, and a fourth which was reasonably well preserved except

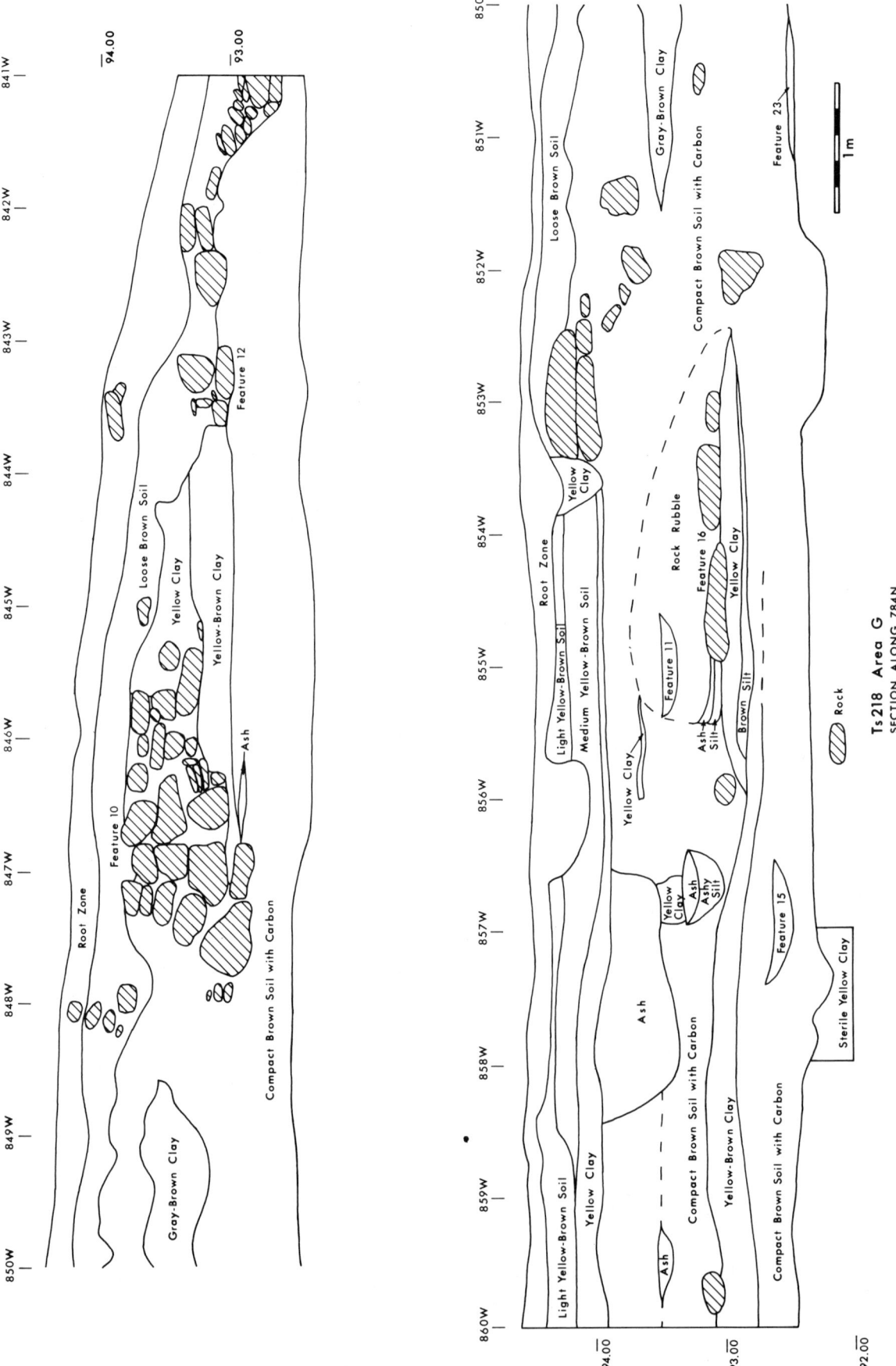

Ts 218 Area G
SECTION ALONG 784N

5. EXCAVATIONS SOUTH AND EAST OF THE CENTRAL PLAZA 53

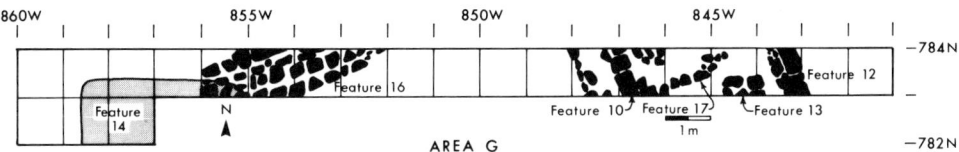

Fig. 14. Plan (above) and section (facing page) of Area G excavations.

that the legs and feet had been removed by some later disturbance. Of the two moderately complete burials, both were fully extended and lying face down. One had its head toward magnetic north, the other about 70° east of magnetic north.

This entire accumulation of refuse, features, floors, walls, and burials in the western two-thirds of Area G was regularized into a platform structure by means of the retaining wall designated Feature 10. Oriented roughly 18° west of magnetic north, this wall served as the edge of a platform capped in part by a yellow clay floor at an elevation of about 94.00 m. The floor ended at some rocks as shown in the section in Fig. 14, and may have been the interior floor of a structure on top of the platform.

To the east of Feature 10, a confused area of portions of stone construction including Features 12, 13, and 17 may represent a structure built against the platform retaining wall in the manner described for Area K or subsequent enlargement of the platform itself. Finally, 20 to 40 cm of additional deposits, possibly including another floor surface in the western part of the excavations, overlay the platform surface. This entire sequence of deposition dated to the Late Santa María/Early Palo Blanco occupation of Quachilco, but considerably more study of the artifacts will be required to establish the precise portions of this period to which various stages of the sequence belong.

Finally, among the structures south and east of the central plaza, two isolated small mounds some 250 m south of the plaza were tested. A pit in one of them, at 583N940W, revealed 1.00 m of rubble construction fill dating to the Late Santa María/Early Palo Blanco occupation of the site. The surface of this small artificial platform revealed no preserved architectural remains, but a possible edge of one stage of platform construction was exposed. At the other mound a test pit at 533N815W also revealed 1.00 m of rubble fill, but Venta Salada phase sherds were included in all but the lowest part of these deposits.

EXCAVACIONES AL SUR Y AL ESTE DE LA PLAZA CENTRAL

Las estructuras localizadas al sur y al este de la plaza central fueron investigadas con ocho trincheras de prueba, de las cuales cuatro se ampliaron para convertirse en las Areas A, D, F, y G.

El Patio al Este de la Plaza: Areas A y D

Otro patio pequeño creado contra el flanco exterior de uno de los montículos de la plaza central está al este de la plaza al extremo sur de este lado. Dos trincheras de prueba en este pequeño patio fueron expandidas a un tamaño un poco mayor.

La trinchera de prueba en el punto 878N837W se convirtió en la Area A (Fig. 11). Esta excavación estaba aproximadamente en el centro del piso a nivel del patio pequeño. Por debajo del piso del patio había unos 2.60 m de depósitos que databan de la fase Santa María Tardía. En los 2.00 m superiores, capas gruesas de depósitos de basura alternaban con capas de tierra parda clara de granos finos y compacta con muy pocos artefactos. Debajo de esto había una serie de pisos de arena asociados con un muro de piedra bajo (Elemento Nº 66). Dos capas mas con solo cantidades moderadas de artefactos yacían entre estos restos de una casa y tierra estéril.

Las excavaciones en la Area D vecina comenzaron como una trinchera de prueba en el punto 882N810W en el flanco de un montículo al noreste del patio (Fig. 12). Por debajo de 50 cm de relleno de construcción había dos capas gruesas de probablemente desechos primarios que databan de la parte más temprana de la fase Palo Blanco. La superficie desigual de tierra estéril se alcanzó cerca a los 2.00 m de profundidad. En la fase Santa María Tardía un gran pozo tronco-cónico había sido excavado en esta capa estéril. El pozo (Elemento Nº 2) tenía aproximadamente 2.00 m de profundidad, 1.90 m en su punto más ancho, y 80 cm de diámetro en su boca.

Estructuras Aisladas al Este de la Plaza: Pruebas

Dos pruebas fueron conducidas en pequeños montículos aislados en la área al este de la plaza central. En el punto 1010N777W una trinchera encontró un piso de yeso bien terminado a 1.00 m por debajo de la superficie del flanco de un montículo pequeño. El piso estaba dividido en dos partes por un muro de piedra que corría del oeste al este (con respecto al norte magnético) a través de la trinchera. Esta estructura databa de la fase Venta Salada. Si cualquier porción de los depósitos por debajo de ella contenía materiales sin mezclar más tempranos, permanece por ser determinado mediante examen adicional de los artefactos. En el punto 712N736W una trinchera de prueba cortó a través de 1.00 m de una plataforma de adobes que databa de la fase Venta Salada y que yacía sobre 40 cm de depósitos de la fase Santa María Tardía. Un posible entierro en la parte inferior de esta trinchera se metía solo un poco en la área excavada y no fué removido.

Esquina Sureste de la Plaza: Areas F y G

Una trinchera de prueba en el punto 815N839W estaba localizada en un espacio vacante por fuera de la esquina sureste de la plaza relativamente abierta donde no había restos superficiales de arquitectura visibles. Las excavaciones de la Area F comenzaron como unas trincheras que corrían al este y oeste de la prueba original (Fig. 13). Las trincheras fueron expandidas, a su vez, para exponer mas de los varios elementos encontrados en ellas. Todos los depósitos databan de la ocupación Santa María Tardía/Palo Blanco Temprano del sitio, con la excepción de la capa superior que estaba mezclada. Los depósitos fueron en su mayoría primarios y contenían cantidades variables de artefactos. Contenían, asi mismo, un número de hogares y de lentículas de ceniza que no se describirán individualmente aquí.

En la sección central de las excavaciones de la Area F había un piso de arcilla amarilla a una elevación variable entre los 93.00 m y los 93.40 m. Una plataforma de unos 50 cm de altura fué construida de arcilla blanco-amarillosa sobre este piso al extremo este de las excavaciones. Un pozo rectangular había sido excavado a través de esta plataforma, y la esquina de un muro de adobes (Elemento Nº 18) que seguía el margen del pozo fué descubierta en la superficie de la plataforma. El margen este de la plataforma correspondía a la orientación aproximada de 20° al oeste del norte magnético, que es lo más commun a la arquitectura de Quachilco. Las funciones del pozo y del muro de adobes no son claras. Hacia el este un muro de piedra (Elemento Nº 7) construido a nivel de una superficie de arcilla amarilla cortaba las excavaciones. Este muro de piedra bien tallada estaba también orientado aproximadamente 20° al oeste del norte magnético. Ningún otro muro o elementos tales como huecos de poste fueron encontrados en asocio con la superficie de arcilla o con la plataforma. La superficie continuaba en la dirección este hacia el extremo de la área excavada a pesar de que no se podía distinguir claramente de las otras capas en esta extensión.

En la parte oriental extrema de la Area F la superficie de arcilla amarilla cubría el Elemento Nº 9, los cimientos de piedra de una casa. Esta casa medía unos 2.50 m de ancho por más de 4.00 m de largo. Como resultado de la acción de raíces, su piso de tierra pisada no estaba muy bien preservado. Los cimientos estaban formados por una o dos hileras de piedra superpuestas que estaban orientadas aproximadamente 18° al oeste del norte magnético. Una posible área de entrada estaba ubicada en el muro oriental cerca de 2.50 m del extremo norte. Solamente la parte norte de la casa fué excavada ya que la sección sur de los muros y del piso estaba muy alterada por el sistema de raices de un mezquite vecino. En un nivel un poco por debajo del piso de la casa y a mas o menos 1.00 m al norte de ella se encontraban los restos muy incompletos de un entierro.

A unos 30 m al sur de la Area F, la Area G fué excavada en un montículo, realmente una larga extensión hacia el norte de un grupo alineado de "montículos salados". Estos monticulos salados serán discutidos en mas de-

5. EXCAVACIONES AL SUR Y AL ESTE DE LA PLAZA CENTRAL

talle posteriormente, pero la cantidad de escombros de piedra en la superficie y los resultados de la excavación no dejan duda de que la extensión en la que las excavaciones de la Area G fueron hechas debe ser clasificada con los montículos de construcción de piedra de la plaza central a pesar de estar conectada a un montículo salado.

La Area G comenzó como una trinchera de prueba en el punto 782N857W. La ampliación consistió de una área cuadrada hacia el oeste y una trinchera de 1.00 m de ancho que se extendía 16 m hacia el este (Fig. 14). El montículo no tenía grandes cantidades de relleno artificial, sino mas bien consistía en la acumulación de una serie de depósitos primarios, elementos, y estructuras. Como en la Area F, un gran número de hogares y lentículas de ceniza, que no serán descritos individualmente aquí, estaban entre los depósitos.

El Elemento Nº 14, un piso de arcilla de una casa de forma rectangular, yacía sobre unos 30 cm de depósitos de basura que yacían, a su vez, sobre tierra estéril. El piso estaba orientado hacia el norte magnético y medía aproximadamente 3.50 m de este a oeste con solamente el extremo norte dentro de la área excavada. El piso de arcilla había sido tendido sobre una capa a nivel de adobes; no había presentes ni huecos para postes ni cimientos de muro de piedra.

A un nivel ligeramente superior estaba el Elemento Nº 16 que parcialmente yacía sobre el Elemento Nº 14 a pesar de que ambos estaban separados por cerca de 20 cm de acumulación de basuras. El Elemento Nº 16 era un muro de piedra mas de 1.50 m de ancho que consistía de dos hileras de piedras planas. Este era un muro que corría del este al oeste, en términos de la orientación arquitectónica dominante en el sitio, formando un ángulo recto con una linea 22° al oeste del norte magnético. El muro parecía terminar antes de salir completamente de la área excavada hacia el suroeste a pesar de que un número pequeño de piedras perdidas podría haber dado esta impresión. Las piedras yacían sobre una capa de arcilla amarilla que se extendía un poco mas allá de los márgenes del muro, no obstante que ningún piso claro estaba asociado en ninguno de los lados.

El Elemento Nº 16 a su vez había sido enterrado por unos 80 cm de desperdicios adicionalmente acumulados que, junto con la área de basuras situada al oeste del elemento, contenía la densidad más alta en la Area G de elementos tales como hogares y pozos para hogueras. Esta área de depósito de basuras también incluía los restos extremadamente fragmentarios de dos entierros, los restos un poco más completos de un tercero, y un cuarto que estaba razonablemente bien preservado excepto por las piernas y piés que habían sido removidos por alguna perturbación posterior. De los dos entierros moderadamente completos, ambos estaban totalmente extendidos y yacían boca abajo. Uno tenía su cabeza hacia el norte magnético y el otro cerca de 70° al este del norte magnético.

Esta acumulación total de desechos, elementos, pisos, muros, y entierros en las dos terceras partes occidentales de la Area G estaba nivelada en una plataforma por medio de un muro de contención denominado como el Elemento Nº 10. Orientado cerca de 18° al oeste del norte magnético, este muro servía como el margen de una plataforma coronada en parte por un piso de arcilla amarilla a una elevación de cerca de 94.00 m. Este piso de arcilla amarilla terminaba en unas rocas, tal y como se muestra en la sección de la Fig. 14, y puede haber sido el piso interior de una estructura en la parte de arriba de la plataforma.

Hacia el este del Elemento Nº 10, una área confusa de porciones de construcciones de piedra que incluía los Elementos Nºs 12, 13, y 17, puede representar una estructura construida contra el muro de retención de la plataforma en la forma descrita para la Area K, o el ensanchamiento subsecuente de la plataforma misma. Finalmente otros 20 a 40 cm de depósitos adicionales, posiblemente incluyendo otra superficie de un piso en la parte oeste de las excavaciones, yacían sobre la superficie de la plataforma. Esta entera secuencia de deposición databa de la ocupación Santa María Tardía/Palo Blanco Temprano de Quachilco, pero considerablemente mas estudio de los artefactos será requerido para establecer las porciones precisas de este período a las cuales las varias etapas de la secuencia de deposición pertenecen.

Finalmente, entre las estructuras localizadas al sur y al este de la plaza central, dos montículos aislados pequeños a unos 250 m al sur de la plaza fueron explorados. Una trinchera en uno de ellos, en el punto 583N940W reveló 1.00 m de cascajo que databa de la ocupación Santa María Tardía/Palo Blanco Temprano del sitio. No se descubrieron restos arquitectónicos preservados en la superficie de esta plataforma artificial pequeña, pero posiblemente el borde de una etapa de construcción de la plataforma fué expuesto. En el otro montículo una trinchera de prueba en el punto 533N815W también reveló 1.00 m de relleno de cascajo, pero tiestos de la fase Venta Salada estaban presentes en todos estos depósitos menos en el más inferior.

6. MISCELLANEOUS EXCAVATIONS AROUND THE CENTRAL PLAZA

The other excavations in the area of the central plaza fall into two categories: tests in open areas and excavations in salt mounds. The tests in the open areas are ones located out in the level open spaces between structures. They were designed to investigate the nature of the deposits in these circumstances. The only test pit falling into this category which was expanded to larger scale excavations has been described above as Area F. The salt mounds of Quachilco were first identified by MacNeish et al. (1972:205) and form a distinctive kind of surface feature. They were investigated by Alden (1977) in his surface survey, and excavations, described below, were undertaken in 1975 and 1977 to explore them further.

Tests in Open Areas

In 1975 a row of tests was excavated north of the central plaza. This row stretched east and west along the 1100N line across a field with moderate amounts of surface debris but no visible features. These pits, located at 1100N850W, 1100N900W, 1100N1000W, and 1100N1100W, revealed from .80 to 1.30 m of unstratified deposits overlying sterile yellow clay. The only features encountered were two possible post holes in the sterile yellow clay in the pit at 1100N900W and one in the pit at 1100N1000W. Artifacts were extremely sparse in the deposits; they included sherds from the Late Santa María and Early Palo Blanco phases and, at the very top, Venta Salada phase sherds.

To the east of the central plaza a test pit at 884N746W was similarly located in a field near no surface remains of architecture. Here about 50 cm of undifferentiated deposits overlay sterile yellow clay. Artifacts were no more numerous than in the pits to the north of the plaza, but they seemed to date to the Late Santa María/Early Palo Blanco occupation of the site except for those in the uppermost level. Very similar results were obtained from a test farther south at 760N730W.

Two test pits were excavated in open areas south of the central plaza. One at 777N921W was in a large depression from which may have come some of the material for the construction of the central plaza mounds. In the three distinguishable layers making up the 1.50 m of deposits above sterile soil, artifacts were considerably more numerous than in the other test pits. At least some of these deposits date to the Late Santa María/Early Palo Blanco occupation of Quachilco, although a portion of the deposition may have occurred during the Venta Salada phase.

The other pit to the south, at 732N1009W, produced moderate to slight quantities of sherds in three distinguishable layers totaling 1.30 m over sterile soil. A possible section of stone wall cut across the pit from east to west. These deposits were also partly Late Santa María phase and partly

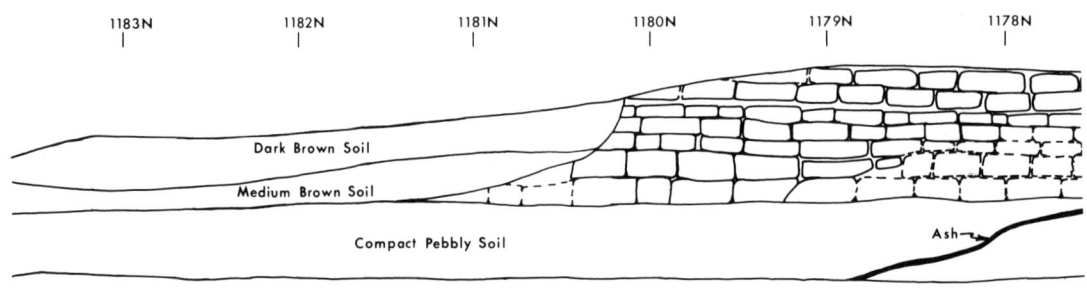

Ts218 Area C
SECTION ALONG EAST FACE OF DRAINAGE DITCH

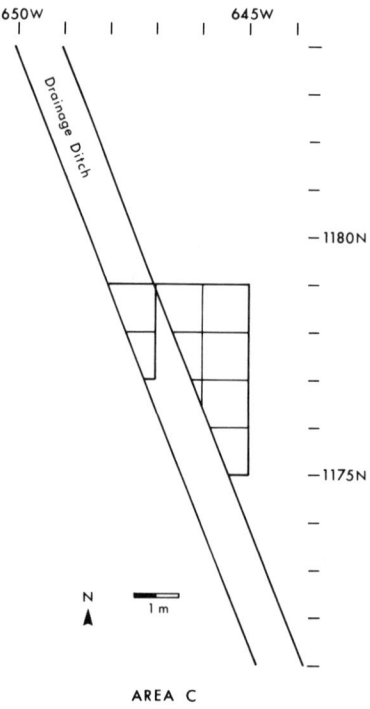

Fig. 15. Plan and section of Area C excavations.

6. MISCELLANEOUS EXCAVATIONS AROUND THE CENTRAL PLAZA

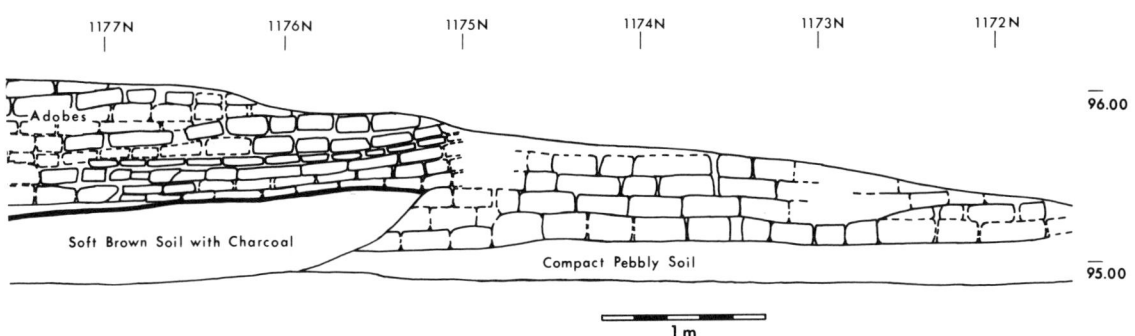

Venta Salada phase.

Two test pits were excavated west of the central plaza in open areas between the structures described in a previous section of this report. Both of these pits (910N1138W and 926N1241W) contained about 70 cm of deposits with very sparse Late Santa María/Early Palo Blanco artifacts overlying sterile yellow clay. No features were revealed.

The results of excavations in open areas around the central plaza, then, were mixed. In most of the pits more distant from the plaza (although still within the site's core area) deposits contained very sparse artifacts and few, if any, features. Somewhat closer to the central plaza, some pits had higher densities of artifacts and occasional features. One was even expanded into the highly productive Area F excavations.

Salt Mounds: Tests and Area C

One of the distinctive surface features of Quachilco is the presence of so-called salt mounds. These mounds are easily distinguished from the mounds which surround the central plaza of the site because they lack the fairly regular form and the number of surface stones which the central plaza mounds have. Because MacNeish et al. (1972:205) assumed that these mounds were composed of earth leached of its salt content through a washing process later described by Sisson (1973:89-90), they took them for the residue of large-scale salt production. A drainage ditch dug directly through one of these salt mounds readily provided us with the opportunity to investigate it in 1975. This excavation became Area C.

The drainage ditch ran roughly north to south across the shorter dimension of the irregular oblong mound. The eastern wall of the ditch was straightened and cleaned into a profile which gave a nearly complete cross section (Fig. 15). The cross section revealed that, far from being a mound of discarded earth, the mound was constructed of adobes. A few square meters of the mound excavated back from the profile confirmed that the construction was of layer upon layer of rectangular adobes. A test excavation into the floor of the drainage ditch (at 1177N647W) revealed an additional 1.20 m of cultural deposit lying above sterile yellow clay.

The entire sequence of cultural deposition in Area C dated to the Venta Salada phase.

The Area C excavations had cast considerable doubt upon the interpretation of the salt mounds at Quachilco as refuse from salt production and upon the assignment of them to the Late Santa María/Early Palo Blanco occupation. Thus it was decided in 1977 to test the two salt mounds which, in Alden's (1977) survey, had produced the largest amounts of Late Santa María/Early Palo Blanco material on the surface.

One of these tests, at 1080N794W, was in the lower flank of a salt mound northeast of the central plaza. Below the root zone was a layer of compact brown soil about 80 cm thick and below this a layer over 2.00 m thick which consisted of very compact light brown clay, within which occasional rectangular adobes could be identified. This layer was almost certainly the remains of adobe platform construction in which the adobes had blended together into a relatively homogeneous clay mass. Still lower was a layer of tan clay, part of which overlay a lense of ash, carbon, and fire-cracked rocks. Excavation halted at an elevation of 93.60 m, somewhat below the level of the area surrounding the base of the mound, even though completely sterile soil had not been reached. Material from the pit included Venta Salada phase sherds down to the lowest level excavated.

The other salt mound tested was to the south of the central plaza. The test pit here (at 740N958W), also located in the flank of the mound, included an 80 cm layer of fairly well defined courses of rectangular adobes below the root zone. The layer of adobes reached down to approximately the level of the current ground surface so that it accounted for the height of the mound. Another 80 cm or more of cultural deposits overlay sterile yellow clay. All deposits encountered in this pit, too, dated to the Venta Salada phase.

EXCAVACIONES MISCELANEAS ALREDEDOR DE LA PLAZA CENTRAL

Las otras excavaciones en la área de la plaza central se clasifican en dos categorías: pruebas en áreas abiertas y excavaciones en montículos salados. Las pruebas en las áreas abiertas están localizadas a nivel en los espacios libres entre las estructuras. Estas pruebas fueron diseñadas para investigar la naturaleza de los depósitos en estas circunstancias. La única prueba de esta categoría que fué ampliada a una excavación de escala más grande ha sido descrita anteriormente como la Area F. Los montículos salados de Quachilco fueron identificados primeramente por MacNeish et al. (1972:205) y forman una clase distintiva de elemento superficial. Estos fueron investigados por Alden (1977) en su reconocimiento superficial, y excavaciones, que se describen más abajo, fueron acometidas en 1975 y 1977 para investigarlos mas completamente.

Pruebas en las Areas Abiertas

En 1975 una fila de pruebas fué excavada hacia el norte de la plaza central. Esta fila se extendía del este al oeste a lo largo de la línea 1100N a través de un campo con una cantidad moderada de desechos superficiales pero sin elementos visibles. Estas trincheras, localizadas en los puntos 1100N850W, 1100N900W, 1100N1000W, y 1100N1100W, revelaron de .80 a 1.30 m de depósitos no estratificados que yacían sobre una arcilla amarilla estéril. Los únicos elementos encontrados fueron dos posibles huecos para postes en la arcilla amarilla estéril en la trinchera en el punto 1100N900W y uno en la trinchera del punto 1100N1000W. Los artefactos estaban extremadamente dispersos en los depósitos; ellos incluían tiestos de las fases Santa María Tardía y Palo Blanco Temprano y, en la propia parte superior, tiestos de la fase Venta Salada.

Hacia el este de la plaza central una trinchera de prueba en el punto 884N746W estaba localizada similarmente en un campo que no estaba cerca de ningún resto superficial de arquitectura. Aquí cerca de 50 cm de depósitos no diferenciados yacían sobre arcilla amarilla estéril. Los artefactos no fueron más numerosos que en las trincheras al norte de la plaza, pero parecían datar de la ocupación Santa María Tardía/Palo Blanco Temprano del sitio, excepto por aquellos de nivel más superior. Resultados muy similares se obtuvieron en una trinchera mas al sur en el punto 760N730W.

Dos trincheras de prueba fueron excavadas en las áreas abiertas hacia el sur de la plaza central. Una en el punto 777N921W estaba en una gran depresión de donde pueden haber venido algunos de los materiales para la construcción de los montículos de la plaza central. En las tres capas distinguibles que formaban 1.50 m de depósitos por encima de la tierra estéril, los artefactos fueron considerablemente mas numerosos que en las otras trincheras de prueba. Por lo menos algunos de estos depósitos datan de la ocupación Santa María Tardía/Palo Blanco Temprano de Quachilco, a pesar de que una porción de la deposición puede haber ocurrido durante la fase Venta Salada.

La otra trinchera hacia el sur, en el punto 732N1009W, produjo de moderadas o ligeras cantidades de tiestos en tres capas distinguibles con una altura total de 1.30 m por encima de tierra estéril. Una posible sección de un muro cortaba a través de la trinchera del este al oeste. Estos depósitos eran también parcialmente de la fase Santa María y parcialmente de la fase Venta Salada.

Dos trincheras de prueba fueron excavadas al oeste de la plaza central en las áreas libres entre las estructuras descritas en una sección previa de este informe. Ambas trincheras (910N1138W y 926N1241W) contenían cerca de 70 cm de depósitos con artefactos muy esparcidos de la fase Santa María Tardía/Palo Blanco Temprano que yacían sobre arcilla amarilla estéril. Ningún elemento fué expuesto.

Los resultados de las excavaciones en las áreas abiertas alrededor de la plaza central fueron, entonces, mezclados. En la mayoría de las trincheras mas distantes de la plaza (a pesar de estar aún en la área nuclear del sitio) los depósitos contenían artefactos muy esparcidos y pocos elementos, si es que los había. Un poco mas cerca de la plaza central, algunas trincheras tenían densidades más altas de artefactos y elementos ocasionales. Una fué aún expandida en las excavaciones altamente productivas de la Area F.

Los Montículos Salados: Pruebas y Area C

Uno de los elementos superficiales distintivos de Quachilco es la presencia de "montículos salados". Estos montículos son facilmente distinguibles de los montículos que rodean la plaza central del sitio porque carecen de la forma claramente regular y del número de piedras superficiales que los montículos de la plaza central tienen. MacNeish et al. (1972:205) asumieron que estos montículos se conpusieron de tierra lixiuiada de su contenido de sal por medio de un proceso de lavado después descrito por Sisson (1973:89-90). Así ellos consideraron los montículos como el residuo de la producción de sal en gran escala. Una zanja de drenaje excavada directamente a través de uno de tales montículos nos suministró la oportunidad de investigarlo muy facilmente en 1975. Esta excavación se convirtió en la Area C.

La zanja de drenaje corrió aproximadamente de norte a sur a través de la dimensión más corta del montículo oblongo irregular. La pared oriental de la zanja fué emparejada y limpiada para formar un perfil que dió un corte transversal casi completo (Fig. 15). Este corte reveló que, lejos de ser un montículo de tierra desechada, el montículo era construido de adobes. Unos pocos metros cuadrados excavados dentro del montículo desde el perfil confirmaron que la construcción era capa sobre capa de adobes rectangulares. Una excavación de prueba en el piso de la zanja de drenaje (en el punto 1177N647W) reveló 1.20 m adicionales de depósitos culturales que yacían sobre arcilla amarilla estéril. La entera secuencia de deposición cultural en la Area C databa de la fase Venta Salada.

6. EXCAVACIONES MISCELANEAS ALREDEDOR DE LA PLAZA CENTRAL

Las excavaciones de la Area C habían llenado de duda la interpretación de los montículos salados en Quachilco como desperdicios en la producción de sal, y habían cuestionado que estos montículos daten de la ocupación de la fase Santa María Tardía/Palo Blanco Temprano. De esta forma, se decidió en 1977 probar los dos montículos salados que, en el reconocimiento de Alden (1977), habían producido las cantidades más grandes de material de Santa María Tardía/Palo Blanco Temprano en la superficie.

Una de estas pruebas, en el punto 1080N794W, estaba en el flanco más bajo de un montículo salado al noreste de la plaza central. Por debajo de la zona de raices había una capa de tierra parda compacta cerca de 80 cm de espesor, y por debajo de esta, una capa de mas de 2.00 m de espesor que consistía de una arcilla parda clara muy compacta en la que ocasionalmente adobes rectangulares se podían identificar. Esta capa era casi ciertamente los restos de una plataforma de adobes en la que los adobes se habían mezclado en una masa de arcilla relativamente homogénea. Aún mas abajo había una capa de arcilla de color café claro parte de la cual yacía sobre una lentícula de ceniza, carbón, y rocas quebradas por fuego. La excavación fué suspendida a una elevación de 93.60 m, un poco por debajo del nivel de la área que rodea la base del montículo, a pesar de que no se había alcanzado tierra completamente estéril. El material de esta trinchera incluía tiestos de la fase Venta Salada hasta el nivel más bajo que fué excavado.

El otro montículo salado que fué probado estaba hacia el sur de la plaza central. La trinchera de prueba aquí (en el punto 740N958W), también localizada en el flanco del montículo, incluía una capa de 80 cm de hileras de adobes rectangulares claramente bien definidos por debajo de la zona de raices. Esta capa de adobes alcanzaba hacia abajo aproximadamente el nivel actual de la superficie alrededor del montículo y así daba cuenta de la altura del montículo. Otros 80 cm o mas de depósitos culturales yacían sobre arcilla amarilla estéril. Todos los depósitos encontrados en esta trinchera, asi mismo, databan de la fase Venta Salada.

7. EXCAVATIONS AT OUTLYING BARRIOS

The structure of the surface remains in the peripheral area of Quacilco was described in the section on surface survey. Clearly the foci of activities in the peripheral area were scattered small areas, characterized today by groups of low mounds and higher densities of artifacts on the surface. The locations of the outlying barrios of the Late Santa María/Early Palo Blanco occupation in the area surveyed are indicated on the map in Fig. 4. Test excavations were conducted in two of these barrios: one south of the central plaza (from about 100N to 400N and from about 800W to 1000W) and one southeast of the central plaza (from about 100S to 400N and from about 200E to 300W). The latter barrio, as the coordinates indicate, includes the original zero point of the site grid system and thus involves coordinates measured east and south as well as north and west. This barrio also actually extends beyond these boundaries toward the southeast into the area which was not surveyed.

The South Barrio: Tests

The surface remains in the south barrio are very confused since fossil canal traces and small mounds are interspersed throughout the area. The fossil canal traces often involve several different routings of a canal over a period of time, so that they comprise occasionally large areas. In many cases these areas cannot be plowed because of the travertine canal traces and therefore appear as small mounds in the surrounding plowed fields. The problem is frequently complicated by the practice of throwing rocks encountered in plowing the fields into these areas, thus increasing their resemblance to small mounds. It is not always easy, then, to distinguish residences from complex canal traces on the surface. Six test pits were excavated in this barrio into mounds with a variety of surface characteristics. Artifact samples in all cases included primarily Late Santa María phase material. Architectural remains were occasionally present but never well preserved.

The test pit at 364N825W was the deepest with deposits some 1.40 m deep consisting of relatively undifferentiated loose soil with large quantities of small rocks. Three dressed stones in one corner of the pit may have been part of a wall corner, but no other structural remains appeared.

A test at 294N941W was the shallowest, having just under 20 cm of deposits overlying rock. Around this test 11 m^2 were excavated to expose the rock surface, a very uneven layer of travertine probably laid down by water flowing down the irrigation canals which passed through the barrio. No structural remains were found, but the thin deposits which overlay the rock surface contained moderate quantities of Late Santa María phase sherds.

Loose soil with dense rock rubble overlying an uneven rock surface was also encountered in a test at 218N982W. This rock surface was about

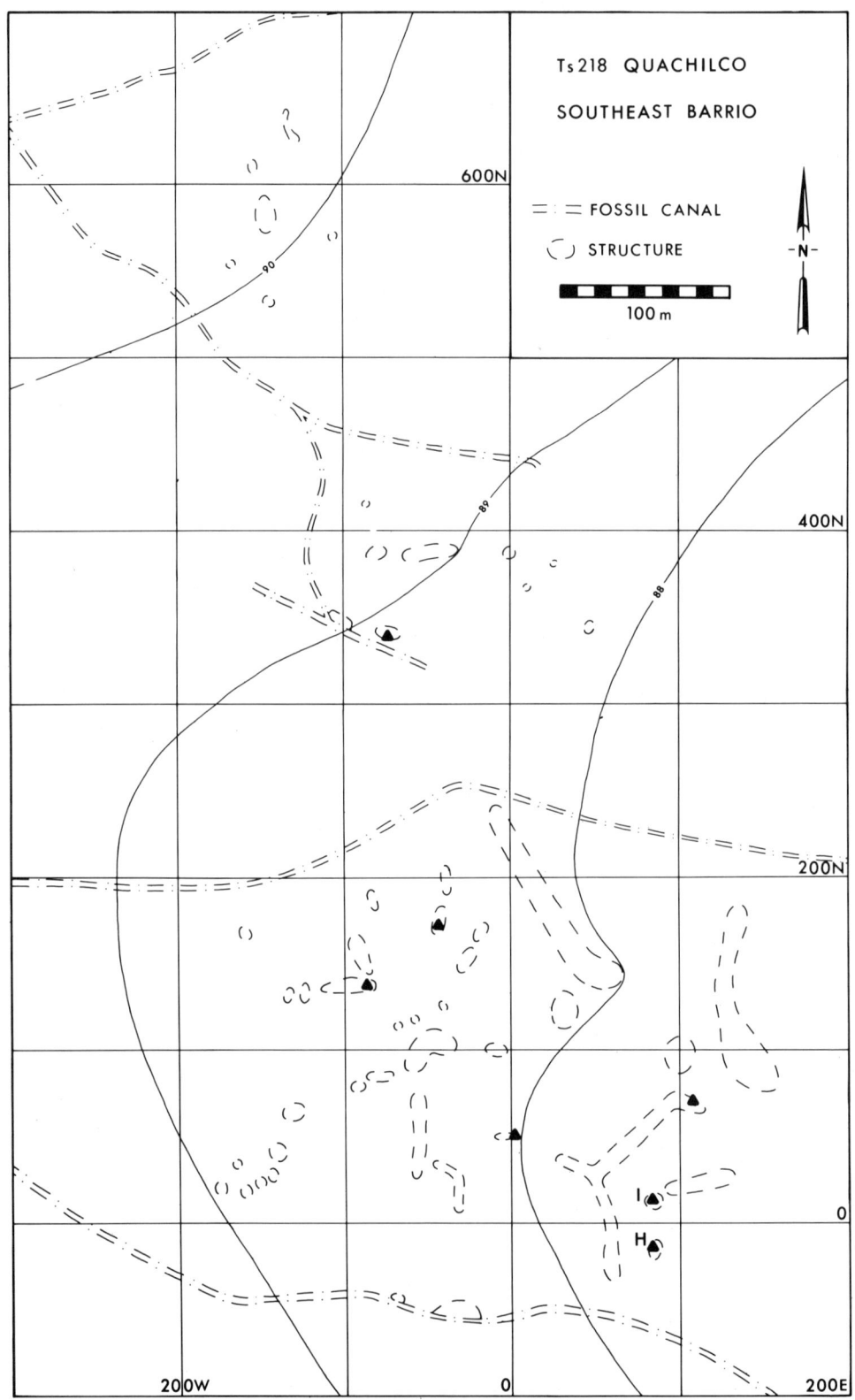

Fig. 16. Map of Quachilco's southeast barrio. Small triangles give locations of excavations.

7. EXCAVATIONS AT OUTLYING BARRIOS

50 cm below the surface except in the north end of the pit where a ledge of rock 30 cm high appeared. A test at 189N910W yielded similar deposits about 40 cm thick over a rock surface. A possible post hole 20 cm deep and 15 cm in diameter was cut into the rock which formed the bottom of this pit. The test at 145N919W produced some 30 cm of the same kind of deposit, once again over an uneven rock surface. The final test in this area, at 101N875W, differed from those just described only in that the depth of the deposits was about 80 cm.

The Southeast Barrio: Tests and Areas H and I

The confusion involved in interpreting surface remains of canals and low mounds in the outlying barrio south of the central plaza applies to the southeast barrio as well (Fig. 16). Seven test pits were excavated in the southeast barrio, and two of these were expanded to the larger scale excavations called Areas H and I.

The northernmost test, at 340N073W, exposed four discernible stratigraphic layers, of which two consisted primarily of rock rubble. No architectural remains or other features appeared, and artifacts included Venta Salada phase sherds down almost to the bottom of the pit, some 1.30 m below the surface.

Four other test pits (at 169N045W, 136N086W, 068N107E, and 050N009E) produced results very similar to those described for the tests in the south barrio. Thin deposits (20 to 50 cm thick) of loose soil with dense rock rubble overlay an uneven rock surface. The pit at 169N045W revealed a few larger stones which may have been part of a wall, but no other features were uncovered. Sherds in all levels of this northernmost of the four pits were mixed Venta Salada phase material. In the pit at 136N086W very few sherds were found at all. The two southernmost of the four pits yielded primarily Late Santa María phase sherds with some Venta Salada phase material at the very top.

The excavations of Area H began as a test pit at 014S081E. The deposits in this pit were similar to those encountered elsewhere in this area: loose soil with dense rock rubble. They were unusual, however, in that they yielded much higher densities of artifacts pertaining to the Late Santa María phase. An uneven rock surface was encountered some 40 to 50 cm below the surface. As the excavations were expanded both deeper and shallower sections were revealed. The rock surface was virtually at the level of the ground surface in the northeast corner of the excavations. Occasional large stones were found which had likely belonged to walls or foundations, but no structures were well preserved. Figure 17 shows the locations of some of the larger stones as well as the ledges encountered in the rock surface which underlay the deposits. In some cases the positions of the larger stones suggested walls coinciding with these ledges, raising the possibility that the ledges were actually parts of structures built directly on the surface of the rock.

The deposits in the Area I excavations were slightly thicker,

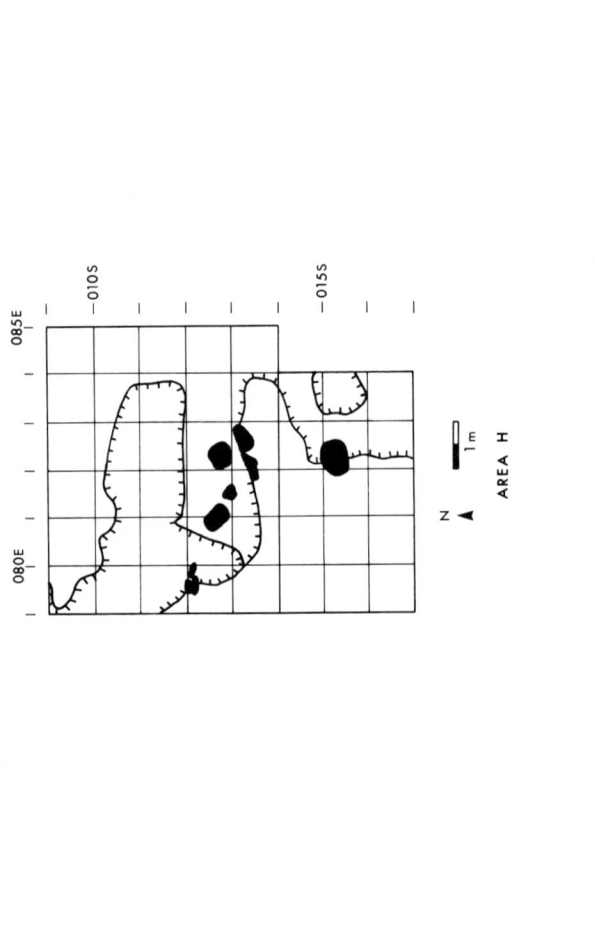
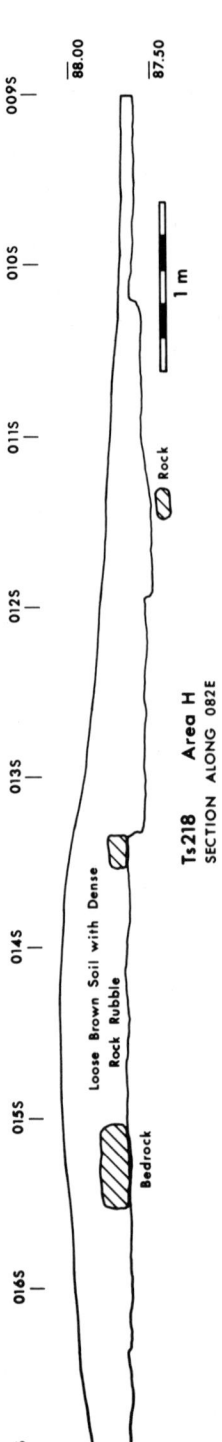

Fig. 17. Plan and section of Area H excavations.

7. EXCAVATIONS AT OUTLYING BARRIOS

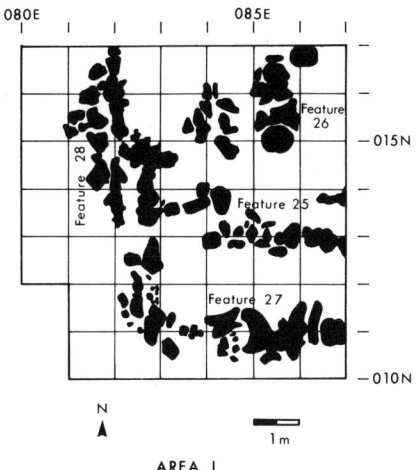

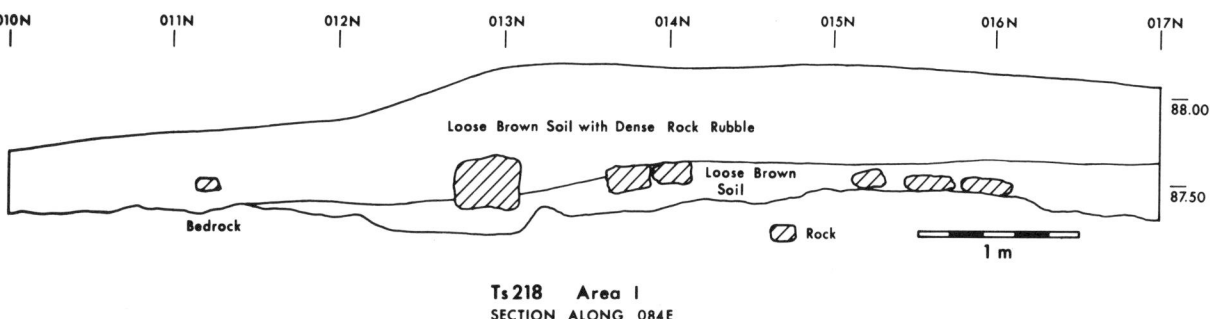

Fig. 18. Plan and section of Area I excavations.

totaling about 1.00 m. The test pit expanded here (012N084E) contained an east-west wall foundation which connected to a north-south wall designated Feature 28 (Fig. 18). The relationship between Feature 28 and Features 25 and 27, both east-west walls, was not altogether clear. A preliminary interpretation considers Features 27 and 28 two walls of a single structure with Feature 25 the sole trace of a slightly older structure. Other interpretations are also possible. All of these walls were oriented approximately to magnetic north.

Feature 26, a stone-lined grave covered with flat stone slabs, was in the northeast section of the Area I excavations. The state of preservation of the skeletal material was so poor that only a few teeth and assorted fragments were recoverable, but a ceramic vessel and a mano had been included as offerings. The arrangement of the grave suggested that the burial had been extended and was oriented a few degrees west of magnetic north. Just west of this burial was another similarly arranged burial. A stone-lined grave may have been employed but the stone alignments were not well preserved. Three ceramic vessels, one piece of chipped stone, and one piece of ground stone were included as offerings. Skeletal remains were again fragmentary, although some of the fragments were slightly larger than was the case with the burial in Feature 26. Artifacts, like those from Area H, were more numerous than those from other areas tested in the southeast _barrio_ and belonged to the Santa María phase.

EXCAVACIONES EN LOS BARRIOS SEPARADOS

La estructura de los restos superficiales en la área periférica de Quachilco fué descrita arriba en la sección sobre el reconocimiento superficial. Claramente los focos de actividades en la área periférica eran las perqueñas áreas diseminadas representadas hoy por grupos de montículos bajos y densidades más altas de artefactos en la superficie. Las localizaciones de los barrios remotos de la ocupación Santa María Tardía/Palo Blanco Temprano en la área reconocida están indicadas en el mapa de la Fig. 4. Excavaciones de prueba fueron realizadas en dos de estos barrios: uno al sur de la plaza central (de cerca de los 100N a los 400N y de cerca de los 800W a los 1000W) y otro al sureste de la plaza central (de cerca de los 100S a los 400N y de cerca de los 200E a los 200W). Este último barrio, como las coordenadas lo indican, incluye el punto cero original del sistema de cuadrículas del sitio y por lo tanto incluye coordenadas tomadas hacia el este y sur lo mismo que tomadas hacia el norte y oeste. Este barrio, además, realmente se extiende más allá de estos límites en la área que no fué reconocida hacia el sureste.

El Barrio Sur: Pruebas

Los restos superficiales en el barrio sur son muy confusos ya que rastros de canales fosilizados y pequeños montículos están intercaladas a todo lo largo de la área. Los rastros de canales fosilizados a menudo resultan de varias excavaciones de un canal en el transcurso de un período de tiempo de forma tal que éstas abarcan ocasionalmente grandes áreas. En varios casos estas áreas no pueden ser aradas a causa de los rastros de canal de travertino, y por lo tanto aparecen como montículos pequeños en los campos arados de alrededor. El problema se complica frecuentemente por la práctica de arrojar las rocas encontradas en el arado de los campos en estas áreas, acentuándose su semejanza a montículos pequeños. No es siempre fácil, entonces, distinguir las residencias de los rastros complejos de canales en la superficie. Seis trincheras de prueba fueron excavadas en este barrio en montículos con una variedad de características superficiales. Las muestras de artefactos en todos casos incluyeron primariamente material de la fase Santa María Tardía. Restos arquitectónicos estaban ocasionalmente presentes pero nunca bien preservados.

La trinchera de prueba en el punto 364N825W fué la más profunda, con depósitos de unos 1.40 m de profundidad que consistían de tierra suelta relativamente no diferenciada con gran cantidad de rocas pequeñas. Tres piedras talladas en una esquina de la trinchera pueden haber sido parte de la esquina de un muro, pero ningunos otros restos estructurales aparecieron.

Una prueba en el punto 294N941W fué la más superficial al tener solamente menos de 20 cm de depósitos que yacían sobre roca. Alrededor de esta prueba se excavó un total de 11 m^2 para exponer la superficie que era una capa muy dispareja de travertino, probablemente depositada por el agua que corría por los canales que atravesaban el barrio. No fueron encontrados restos estructurales, pero los delgados depósitos que yacían sobre la superficie de la roca contenían cantidades moderadas de tiestos de la fase Santa María Tardía.

Tierra suelta con un cascajo denso de roca que yacían sobre la superficie desigual de una roca fueron también encontrados en una prueba en el punto 218N982W. Esta superficie de roca estaba a unos 50 cm de profundidad, excepto en el extremo norte de la trinchera donde había una saliente de roca 30 cm mas alta. Una prueba en el punto 189N910W produjo depósitos similares de unos 40 cm de espesor sobre una superficie de roca. Posiblemente un hueco de poste de 20 cm de profundidad por 15 cm de diámetro había sido cortado en la roca que formaba el fondo de esta trinchera. La prueba en el punto 145N919W produjo unos 30 cm de la misma clase de depósito, una vez más sobre la superficie desigual de una roca. La prueba final en esta área, en el punto 101N875W difería de estas justamente descritas en que la profundidad de los depósitos era de cerca de 80 cm.

El Barrio Sureste: Pruebas y Areas H e I

La confusión entrañada en la interpretación de los restos superficiales de los canales y los montículos bajos en el barrio separado hacia el sur de la plaza central es pertinente asi mismo al barrio del sureste (Fig. 16). Siete trincheras de prueba fueron excavadas en este último barrio y dos de éstas fueron ampliadas en las excavaciones más grandes denominadas como las Areas H e I.

La prueba mas al norte, en el punto 340N073W, expuso cuatro capas estratigráficamente discernibles, de las cuales dos consistían primariamente de cascajo de roca. No se encontraron restos arquitectónicos u otros elementos, y los artefactos incluían tiestos de la fase Venta Salada hasta el fondo de la trinchera a unos 1.30 m de profundidad.

Otras cuatro trincheras (en los puntos 169N045W, 136N086W, 068N107E, y 050N009E) produjeron resultados muy similares a aquellos descritos para las pruebas del barrio sur: depósitos delgados (20 a 50 cm de espesor) de tierra suelta con un cascajo denso de roca que yacían sobre una superficie desigual de roca. La trinchera en el punto 169N045W reveló unas pocas piedras más grandes que pueden haber sido parte de un muro, pero no se encontraron ningunos otros elementos. Los tiestos encontrados a todos niveles en esta trinchera situada más hacia el norte de las cuatro eran material mezclado de la fase Venta Salada. En la trinchera del punto 136N086W muy pocos tiestos fueron encontrados. Las dos trincheras más hacia el sur de las cuatro produjeron primariamente tiestos de la fase Santa María Tardía con algún material de la fase Venta Salada en la pura parte superior.

Las excavaciones de la Area H comenzaron como una trinchera de prueba en el punto 014S081E. Los depósitos fueron similares a aquellos encontrados en otros sitios de esta área: tierra suelta con cascajo denso de roca. Estos depósitos fueron diferentes de los otros, sin embargo, en que arrojaron densidades mucho más altas de artefactos que pertenecían a la

7. EXCAVACIONES EN LOS BARRIOS SEPARADOS

fase Santa María Tardía. Una superficie desigual de roca fué encontrada a unos 40 a 50 cm de profundidad. Como las excavaciones fueron expandidas algunas áreas más profundas y otras más superficiales fueron reveladas. La superficie de la roca estaba virtualmente al nivel de la superficie del suelo en la esquina noreste de las excavaciones. Piedras más grandes ocasionales se encontraron que al parecer pertenecieron a muros o cimientos, pero ninguna estructura estaba bien preservada. La Fig. 17 muestra la ubicación de algunas de las piedras más grandes asi como también de las salientes encontradas en la superficie de la roca que yacía por debajo de los depósitos. En unos casos la posición de estas piedras sugirió muros que coincidían con estas salientes, surgiendo la posibilidad de que las salientes formaban realmente partes de estructuras construidas en esta área directamente sobre la superficie de la roca.

Los depósitos de las excavaciones de la Area I fueron un poco más gruesos, de un total de cerca de 1.00 m. La trinchera de prueba que se amplió aquí (en el punto 012N084E) contenía un cimiento que corría de este a oeste y que estaba conectado a un muro de norte a sur denominado como Elemento Nº 28 (Fig. 18). La relación entre el Elemento Nº 28 y los Elementos Nºs 25 y 27, otros dos muros del este al oeste, no fué del todo clara. Una interpretación preliminar considera que los Elementos Nºs 27 y 28 formaban dos muros de una estructura única, y que el Elemento Nº 25 era todo lo que quedaba de una estructura un poco mas vieja. Otras interpretaciones son también posibles. Todos estos muros estaban orientados aproximadamente hacia el norte magnético.

El Elemento Nº 26, una sepultura con lados hechos de piedras y cubierta con losas de piedra planas estaba en la sección noreste de las excavaciones de la Area I. El estado de preservación del material del esqueleto era tan pobre que solamente unos pocos dientes y fragmentos mixtos eran recuperables, pero una vasija cerámica y una mano de metate habían sido incluidas como ofrendas. El arreglo de la tumba sugirió que el entierro había sido extendido y estaba orientado unos pocos grados al oeste del norte magnético. Justamente al oeste de este entierro había otro similarmente arreglado. Una sepultura con lados de piedras puede haber sido empleada, pero los alineamientos de piedras no estaban bien preservados. Tres vasijas cerámicas, una lasca de silex, y una pieza de piedra pulida habían sido depositadas como ofrendas. Los restos del esqueleto eran también fragmentarios, a pesar de que algunos de los fragmentos eran un poco más grandes de lo que fué el caso con el entierro en el Elemento Nº 26. Los artefactos, como los de la Area H, fueron más numerosos que aquellos de las otras áreas probadas en el barrio sureste y pertenecían a la fase Santa María Tardía.

8. CONCLUSION

No attempt to draw detailed conclusions from the excavations at Quachilco is merited at this early stage of analysis. In the introductory section of this report a general view of the sequence of social development in the Tehuacán Valley was outlined. This sequence and particularly the role which Quachilco played in it derive in part from the excavations described in this report. The attempt at reconstruction is, however, preliminary, and as such remains subject to verification or correction through further investigations, including analysis of the material excavated at Quachilco.

The answers to some of the questions which motivated the excavations at Quachilco are, of course, hinted at by the immediate results of excavations described here. The survey and excavations confirm an impression of Quachilco as a center of population of a larger order than had previously existed in the Tehuacán Valley. This clearly shows the tendency of Late Formative society in the Tehuacán Valley to nucleate population. The relative dispersal of this population when compared to much more nucleated Terminal Formative centers of similar population size, however, suggests the relative weakness of this tendency in its earlier stages.

A very preliminary assessment of the chronology of the occupation at Quachilco indicates that the site consisted of a relatively small occupation founded at about the middle of the Santa María phase. Material from this earliest part of the occupation has thus far been noted principally around the northwest corner of the central plaza, although an occasional surface sherd in the peripheral area some distance southeast of the central plaza suggests contemporaneous occupation in this section of the site as well. Following its founding, the site seems to have grown rather rapidly to its maximum size which it maintained through the Late Santa María phase. During this period much of the construction at the central plaza itself seems to have taken place. Many of the outlying barrios, including the two tested, were founded fairly early in the occupational sequence.

The association of these outlying barrios with the fossilized traces of irrigation canals is unmistakable. Whatever conclusions may be drawn from this, it is clear that the irrigation system was in operation by Late Santa María phase times. This means that the earliest occupation at Quachilco may predate the operation of the irrigation system, but that the period during which Quachilco grew to be a central place with major construction undertaken at the central plaza was also the period during which the irrigation system was being enlarged and extended, if not initiated. It must be emphasized that this preliminary conclusion does not show us what relationship existed between the irrigation system and the founding or growth of the central place. It is not possible at this stage to make conclusions about the direction of causality. Further study of artifactual material, however, will help to illuminate this issue. Fixing the chronological sequence of construction and use of various areas and features with much greater precision will be especially helpful in this regard.

Evidence from Quachilco concerning the range and structure of social statuses and of various kinds of activities principally depends upon detailed analysis of patterns of artifact distributions which is yet to be done. Evidence from residential architecture suggests a considerable range in the elaborateness of houses, however, which may well correspond to a considerable range of social statuses. Some structures in the central plaza area which seem to have been residences were placed on stone-faced platforms 1.00 to 2.00 m high. Other, much simpler houses, both near the central plaza and far from it, were not constructed on platforms at all. They were of simple wattle and daub construction, in some cases without even a stone wall foundation. If this variation represents differences in social status, then the patterns of distribution of artifacts used preferentially by higher status people should correspond to the patterns of distribution of various kinds of residential structures. Determination of the range and structure of productive and other kinds of activities will depend almost entirely upon the study of patterns of artifact distribution.

Evidence from Quachilco also bears upon other factors which may have been important in the emergence of complex society. Whatever competition may have existed between Quachilco and its neighbors, warfare was not a major concern for Quachilco's inhabitants. The location in the flat center of the valley floor and the dispersed nature of the occupation do not suggest any concern for defense. Nor is there any known site of this time period which could have served as a refuge for Quachilco's residents in time of warfare. Trade with distant neighbors is attested by the presence of marine shell, greenstone for ornaments, obsidian, and "foreign" pottery at Quachilco. More study of these and other kinds of artifacts and especially of their associations and patterns of distribution within the site will be needed before any conclusions can be drawn concerning changes in patterns of long distance trade which may have accompanied, caused, or resulted from the establishment of this first central place in the Tehuacán Valley.

CONCLUSION

Ningún intento para sacar conclusiones detalladas de las excavaciones en Quachilco tiene mérito en esta etapa temprana del análisis. En la sección introductoria de este informe una perspectiva general de la secuencia de desarrollo social en el Valle de Tehuacán fué dada. Esta secuencia y particularmente el rol que Quachilco jugó en esta secuencia derivan en parte de las excavaciones descritas en este informe. El intento de reconstrucción es, sin embargo, preliminar y como tal permanece sujeto a verificación o corrección mediante otras investigaciones, incluyendo el análisis del material excavado en Quachilco.

Las respuestas a algunos de los interrogantes que motivaron las excavaciones en Quachilco son, por supuesto, insinuadas por los resultados inmediatos de las excavaciones descritas aquí. El reconocimiento y las excavaciones confirman una impresión de Quacilco como un centro de población de un orden mayor que alguno que haya existido previamente en el Valle de Tehuacán. Esto claramente muestra la tendencia de la sociedad del Formativo Tardío en el Valle de Tehuacán de formar núcleos de población. Sin embargo la dispersión relativa de esta población, cuando se compara con los centros del Formativo Terminal de un tamaño de población similar pero mucho más nucleados, sugiere la debilidad relativa de esta tendencia en sus etapas iniciales.

Una evaluación muy preliminar de la cronología de ocupación en Quachilco indica que el sitio consistía de una ocupación relativamente pequeña fundada cerca de la mitad de la fase Santa María. Material de esta parte inicial de la ocupación ha sido hasta ahora notado principalmente en la área de la esquina noroeste de la plaza central, a pesar de que un tiesto superficial ocasional en el área periférica a alguna distancia de la plaza central hacia el sureste sugiere asi mismo una ocupación contemporánea de esta sección del sitio. Después de su fundación el sitio puede haber crecido a su tamaño máximo bastante rápidamente, tamaño que mantuvo a través de la fase Santa María Tardía. Durante este período mucha construcción en la plaza central misma parece haber tenido lugar. Muchos de los barrios separados, incluyendo los dos que fueron probados, se fundaron bastante temprano en la secuencia ocupacional.

La asociación de estos barrios separados con los restos fosilizados de canales de irrigación es inequívoca. Cualquiera que sean las conclusiones que puedan ser sacadas de esto, es claro que el sistema de irrigación se hallaba en operación en tiempos de la fase Santa María Tardía. Esto significa que la occupación más temprana de Quachilco puede haber antecedido la operación del sistema de irrigación, pero que el período cuando Quachilco creció para volverse un lugar central, cuando la construcción mayor fué acometida en la plaza central, fué también el período cuando el sistema de irrigación estaba siendo agrandado y extendido, si no estaba siendo iniciado. Debe enfatizarse que esta conclusión preliminar no nos muestra cual fué la relación entre el sistema de irrigación y la fundación o el crecimiento del lugar central. No es posible en esta etapa hacer conclusiones sobre la dirección de la causalidad. Sin embargo, mas estudio de los artefactos ayudará a iluminar este punto. El establecer la secuencia cronológica de la construcción y uso de varias áreas y elementos con una precisión mucho mayor será especialmente útil en este respecto.

La evidencia de Quachilco en lo concerniente al rango y la estructura de los niveles sociales y de las varias clases de actividades principalmente depende de un análisis detallado de los patrones de distribución de los artefactos, un análisis que todavía falta de completarse. La evidencia de la arquitectura residencial sugiere un rango considerable en la elaboración de las casas, sin embargo, lo que puede muy bien corresponder con un rango considerable de niveles sociales. Algunas estructuras en la área de la plaza central, que parecen haber sido residencias, estaban colocadas en plataformas recubiertas con piedra de 1.00 a 2.00 m de altura. Otras casas mucho mas simples, tanto cerca de la plaza central como lejos de ella, no fueron del todo construidas sobre plataformas. Estas fueron de una construcción simple de mimbre y barro, en algunos casos aún sin un cimiento de piedra. Si esta variación representa diferencias en nivel social, entonces los patrones de distribución de los artefactos usados preferencialmente por gentes de más alto nivel social deben corresponder a los patrones de las varias clases de estructuras residenciales. La determinación del rango y la estructura de las actividades productivas y otras clases de actividades dependerá casi totalmente en el estudio de los patrones de distribución de artefactos.

La evidencia de Quachilco es relevante también para otros factores que pueden haber sido importantes al surgimiento de la sociedad compleja. Cualquiera que fuera la competencia que pudo haber existido entre Quachilco y sus vecinos, la guerra no fué de interés mayor para los habitantes de Quachilco. La localización en el centro del piso plano del valle y la naturaleza esparcida de la ocupación no sugieren ninguna preocupación por la defensa. Ni hay tampoco un sitio que se conozca de este período de tiempo que hubiera podido haber servido como refugio para los residentes de Quachilco en tiempo de guerra. Comercio con vecinos distantes está atestiguado por la presencia de conchas marinas, piedra verde para los ornamentos, obsidiana, y cerámica "extranjera" en Quachilco. Mas estudio de estas y otras clases de artefactos, y especialmente de sus asociaciones y patrones de distribución en el sitio, será necesario antes de que cualquier conclusión pueda ser hecha en lo concerniente a los cambios en los patrones de comercio a larga distancia que pueden haber acompañado, causado, o resultado del establecimiento de este primer lugar central en el Valle de Tehuacán.

REFERENCES CITED

Alden, John R.
    1977 Surface Survey at Quachilco. In: Robert D. Drennan, ed., The Palo Blanco Project: A Report on the 1975 and 1976 Seasons in the Tehuacán Valley. R.S. Peabody Foundation, Andover, Mass. and University of Michigan Museum of Anthropology, Ann Arbor.

Drennan, Robert D.
    1977 Test Excavations at Quachilco. In: Robert D. Drennan, ed., The Palo Blanco Project: A Report on the 1975 and 1976 Seasons in the Tehuacán Valley. R.S. Peabody Foundation, Andover, Mass. and University of Michigan Museum of Anthropology, Ann Arbor.

Drennan, Robert D. and J.A. Nowack
    1977 Extra- and Intra-Regional Exchange in the Socio-Political Development of the Tehuacán Valley from the Late Formative to the Early Classic. Paper presented at the meetings of the American Anthropological Association. Houston.

MacNeish, Richard S., Melvin L. Fowler, Angel García Cook, Frederick A. Peterson, Antoinette Nelken-Terner, and James A. Neely
    1972 The Prehistory of the Tehuacan Valley, Vol. 5: Excavations and Reconnaissance. University of Texas Press. Austin.

Nowack, J.A.
    1977 Surface Survey at Major Palo Blanco Sites. In: Robert D. Drennan, ed., The Palo Blanco Project: A Report on the 1975 and 1976 Seasons in the Tehuacán Valley. R.S. Peabody Foundation, Andover, Mass. and University of Michigan Museum of Anthropology, Ann Arbor.

Parsons, Jeffrey R.
    1971 Prehistoric Settlement Patterns in the Texcoco Region, Mexico. Memoirs of the Museum of Anthropology, University of Michigan, No. 3. Ann Arbor.

Sisson, Edward B.
    1973 First Annual Report of the Coxcatlán Project. R.S. Peabody Foundation. Andover, Mass.

Spencer, Charles S. and Elsa M. Redmond
    1977 Survey in the Arroyo Lencho Diego. In: Robert D. Drennan, ed., The Palo Blanco Project: A Report on the 1975 and 1976 Seasons in the Tehuacán Valley. R.S. Peabody Foundation, Andover, Mass. and University of Michigan Museum of Anthropology, Ann Arbor.

Woodbury, Richard B. and James A. Neely
    1972 Water Control Systems of the Tehuacán Valley. In: Frederick Johnson, ed., The Prehistory of the Tehuacan Valley, Vol. 4: Chronology and Irrigation. University of Texas Press. Austin.

20. The Accokeek Creek Site: A Middle Atlantic Seaboard Culture Sequence, by Robert L. Stephenson and Alice L. Ferguson with selections by Henry G. Ferguson. 1963. Pages 251, 30 figures, 18 plates. Price $3.00.
21. The Steuben Village and Mounds: A Multicomponent Late Hopewell Site in Illinois, by Dan F. Morse. 1963. Pages 134, 6 figures, 31 plates. Price $2.50.
22. Bibliography of Michigan Archaeology, by Alexis A. Praus. 1964. Pages 77. Price $2.00.
24. Late Woodland Cultures of Southeastern Michigan, by James E. Fitting. 1965. Pages 165, 20 figures, 48 plates. Price $3.00.
26. Two Stratified Sites on the Door Peninsula of Wisconsin, by Ronald J. Mason, 1966. Pages 261, 10 figures, 24 plates. Price $3.00.
28. The Fort Ancient Aspect, by James B. Griffin. 1966, reissue of 1943 edition. Pages 734, 18 figures, 10 maps, 157 plates. Price $6.00.
31. A Prehistoric Sequence in the Middle Pecos Valley, New Mexico, by Arthur J. Jelinek. 1967. Pages 190, 21 figures, 16 plates. Price $3.00.
32. Contributions to Michigan Archaeology, by James E. Fitting. John R. Halsey, and H. Martin Wobst. 1968. Pages 275, 19 figures, 42 plates. Price $3.00.
33. Ohio Hopewell Ceramics: An Analysis of the Extant Collections, by Olaf H. Prufer. 1968. Pages 156, 29 figures, 16 plates. Price $3.00.
34. The Prehistory of the Burnt Bluff Area, assembled by James E. Fitting. 1968. Pages 140, 47 figures. Price $3.00.
35. The Lithic Industries of the Illinois Valley in the Early and Middle Woodland Period, by Anta Montet-White. 1968. Pages 200, 65 figures. Price $3.00.
36. The Naomikong Point Site and the Dimensions of Laurel in the Lake Superior Region, by Donald E. Janzen. 1968. Pages 152, 12 figures, 21 plates. Price $3.00.
38. The Administration of Rural Production in an Early Mesopotamian Town, by Henry T. Wright, contributions by Sandor Bokonyi, Kent V. Flannery, and John Mayhall. 1969. Pages 162, 29 figures, 15 tables. Price $3.00.
39. Rules of Descent: Studies in the Sociology of Parentage, by Guy E. Swanson. 1969. Pages 108, 4 figures, 7 tables. Price $2.00.
40. Early Puebloan Occupations at Tesuque By-Pass and the Upper Rio Grande Valley, by Charles H. McNutt. 1969. Pages 140, 13 figures, 11 plates. Price $3.00.
41. The Archaeology of Summer Island: Changing Settlement Systems in Northern Lake Michigan, by David S. Brose. 1970. Pages 236, 31 tables, 17 figures, 35 plates. Price $3.00.
42. The Occupations of Migrants in Ghana, by Polly Hill. 1970. Pages 84, 11 tables. Price $2.00.
43. Prehistoric Biological Relationships in the Great Lakes Region, by Richard Guy Wilkinson. 1971. Pages 168, 40 tables, 33 figures, 2 plates. Price $3.50.
44. Property Control and Social Strategies: Settlers on a Middle Eastern Plain, by Barbara C. Aswad. 1971. Pages 180, 16 tables, 16 figures, 17 plates, 12 appendixes. Price $4.00.
45. Miscellaneous Studies in Mexican Prehistory, by Michael W. Spence, Jeffrey R. Parsons, and Mary Hrones Parsons. 1972. Pages 170, 24 figures, 54 plates, 4 maps. Price $4.00.
47. The Prehistoric People of the Fort Ancient Culture of the Central Ohio Valley, by Louise M. Robbins and Georg K. Neumann. 1972. Pages 713, 2 figures, 285 tables, 54 plates. Price $6.00.
48. The Wardell Buffalo Trap 48 SU 301: Communal Procurement in the Upper Green River Basin, Wyoming, by George C. Frison. 1973. Price $3.00.
49. The Moccasin Bluff Site and the Woodland Cultures of Southwestern Michigan, by Robert Louis Bettarel and Hale G. Smith. 1973. Pages 209, 21 figures, 37 tables, 86 plates. Price $6.00.
50. Faction and Conversion in a Plural Society: Religious Alignments in the Hindu Kush, by Robert Leroy Canfield. 1973. Pages 142, 11 figures, 4 tables, 1 appendix. Price $3.00.